weissbooks.w

Schön zu hören.
Satzschippen
aus dem Radio

Herausgegeben von Gerwig Epkes

weissbooks.w

Schön zu hören

Vorwort

Die faszinierendsten Bilder liefert keine Kamera, sondern die menschliche Phantasie. Das Radio ist das Fernsehen der Phantasie. Das gilt für ein Kulturradio wie SWR2 in besonderer Weise. Wenn wir Literatur im Radio hören, springt unser »Projektor im Kopf« an und lässt uns etwas im wahrsten Sinne des Wortes Einmaliges »sehen«. Wer die in diesem Buch versammelten Erzählungen in SWR2 gehört hat – und wer sie nun noch einmal liest –, der sieht, was sonst niemand sieht.

Diese Erzählungen sind auch ein Beleg dafür, dass ein öffentlich-rechtliches Programm wie SWR2 Kultur nicht nur beschreibt, sondern auch hervorbringt. Alle Erzählungen dieses Bandes wurden auf Anregung der SWR2-Literaturredaktion geschrieben. Manches, was der Redakteur Gerwig Epkes von seinen Gesprächen mit den Autorinnen und Autoren berichtete, hat mich als Programmchef sehr berührt. Zum Beispiel der Bericht über das letzte Gespräch, das er mit Hugo Loetscher führte, am Abend bevor der Autor ins Krankenhaus eingeliefert wurde. Er starb am 18. August 2009. »Die Brücke« lautet der Titel der letzten Erzählung von Hugo Loetscher – geschrieben für SWR2.

Ich werde oft gefragt, was das denn sei – »Kultur«; was also ein »Kulturradio« wie SWR2 in seinem Programm treibe. Die Antwort ist sehr einfach: Kultur ist das, was das Leben lebenswert macht. Das Hören, Lesen und »Sehen« der hier versammelten Erzählungen zum Beispiel. Viel Freude wünsche ich allen, die dieses Buch zur Hand nehmen.

Johannes Weiß
SWR2-Programmchef
Baden-Baden, im August 2009

Schön zu hören

Erzählungen

Sich die Vielfältigkeit der Welt durchs Erzählen aneignen. Gedankensplitter, Erlebnisse, die bedacht und mitgeteilt sein wollen. Ohne absichtliches Zutun ergibt sich die Aufforderung: »Erzähl das!« Nicht in epischer Breite, sondern in aller gebotenen Kürze »in Form gebracht«. Mehr ist es nicht, aber auch nicht weniger; eine Erzählung schreiben ist mit das Schwierigste!

Die in diesem Buch zu lesenden Erzählungen brennen den Autorinnen und Autoren unter den Nägeln. Es ist die erste Sammlung von Erzählungen, die im ersten Jahrzehnt des 21. Jahrhunderts geschrieben wurden: »*Schön zu hören …*«, so erzählten sie also zum Beginn des neuen Jahrtausends auf Anregung von SWR 2. Immer mit freudiger Zustimmung, gepaart mit der Überraschung, dass sich ein Sender so etwas noch leistet. Niemand erhielt ein Thema.

Manchmal forderte ein Sendedatum eine thematische Ausrichtung, wie beispielsweise der 3. Oktober, Weihnachten oder Hl. Drei Könige. Ob die Geschichten im Verhältnis zu zehn, zwanzig Jahren vorher unterschiedlichen Erzählstil besitzen, ob Kontinuität oder Bruch mit der Vergangenheit, ob Neues entstand – auf alle Fälle kommen sie ohne guten Rat und ohne festen Vorsatz aus. So zeigen sie ihre Welten und wir staunen, bangen mit, sind erleichtert, machen Erfahrungen. *Schippen die Sätze mit, die das erzählerische Kunstwerk bauen.* Das kein Kunstwerk ist, das in der Landschaft protzt, sondern ein Versprechen abgibt für die Achtsamkeit gegenüber der Welt.

Für dieses Versprechen allen Autorinnen und Autoren: Danke.

Und die Achtsamkeit seitens Verlag und Herausgeber gegenüber den Erzählerinnen und Erzählern verlangt, dass ihre Individualität auch in der von Ihnen »gewohnten« Rechtschreibung zu erkennen ist.

Gerwig Epkes
Baden-Baden, im August 2009

Bruno Preisendörfer

Weißer Schaum

Wie lange dauern drei Sekunden? Ein paar Wimpernschläge und eine Ewigkeit. Der Reiseschriftsteller Alexander Lerch springt von der Stahlbrücke, die über die Schlucht des Sambesi gespannt ist und Zimbabwe mit Sambia verbindet, einhundertdreißig Meter in die Tiefe. Nach dem Absprung vergehen drei Sekunden, bis Alexanders Kopf in den weißen Schaum des Stromes taucht. In derselben Zeit stürzen weiter oben am Flusslauf zwanzig Millionen Liter Wasser auf einer Breite von 1700 Metern in die Sambesi-Schlucht. Die Gischt über den Wasserfällen ist kilometerweit zu sehen. An diesigen Tagen bedeckt sie wie Nebel die Felsenschlucht und verhüllt den donnernden Abgrund. An Sonnentagen strahlt die schäumende Hölle in blendendem Weiß. Regenbögen stehen über den Fällen. Seit Jahrhunderten, Jahrtausenden zerlegen Myriaden von Wassertröpfchen das Licht in Rot, Orange, Gelb, Grün, Blau und Violett. Die Regenbögen erscheinen früh morgens als schimmernde Halbkreise, flachen im Aufstieg der Sonne ab, strecken sich dem Mittag entgegen, werden im Lauf des Nachmittags wieder steiler, bis sie abends erneut die Form von Halbkreisen annehmen und in der Dämmerung verschwinden.

Alexander wusste, dass man auf der sambischen Seite des Stroms nur den kleineren Teil der Viktoriafälle überschauen konnte und zudem gegen die Sonne blicken musste. Auf der Seite von Zimbabwe hingegen blickte man mit der Sonne und hatte an günstigen Standorten freie Sicht auf zwei Drittel der Schlucht. Alexander verbrachte ein paar Tage in *Vic Falls Town* in *Zim*, wie die Leute hier sagten, und bewanderte den Naturschutzpark um die Fälle, bevor er sich auf den Weg zur Brücke machte.

Die kleine Stadt war, wie *Livingstone Town* auf der sambischen Seite, ganz den Touristen preisgegeben. Die meisten kosteten einfach ihren Urlaub aus, sammelten Erlebnisse, die sie mit ihren Kameras festhalten und in Erinnerungen verwandeln zu können glaubten, und fuhren wieder nach Hause. Aber es trieben sich auch Leute herum, die sich für gewiefte Abenteurer hielten, weil sie nicht nur zwei, drei Wochen unterwegs waren, sondern monatelang ihre Rucksäcke durch Weltgegenden schleppten, mit denen sie nichts verband außer der Tatsache, dass sie zufälligerweise dort waren und jederzeit wieder weg konnten.

Alexander gelang es nicht, die Verachtung, die sich hinter seiner Stirn ausbreitete, zu unterdrücken, obwohl er spürte, dass dieses Gefühl etwas Tückisches hatte und sich jederzeit gegen ihn selbst wenden konnte. Reiste er wirklich so viel anders als die Abenteurer? Was unterschied ihn denn von diesen Menschen, einmal abgesehen davon, dass er nicht nur ein paar Monate unterwegs war, sondern sein gesamtes Erwachsenenleben? Lag der Unterschied in den Reportagen, die zusammen mit seinen Fotos in Zeitungen und Magazinen veröffentlicht wurden? Oder in den Büchern, die aus diesen Reportagen hervorgingen? Das Reisen war sein Beruf, allerdings, keine Erholung wie bei den Urlaubern, auch keine von vornherein begrenzte Flucht aus dem normalen Alltagstrott wie bei denjenigen, die das Abenteuer suchten. Seine Reisen waren sein Leben, und ohne seine Reisen war sein Leben nichts. Umso schlimmer für ihn! Anders als die Urlauber und Abenteurer besaß er kein wirkliches Zuhause. Er lebte allein und hatte immer allein gelebt. Seine Wohnung in Hamburg war nur ein mit Karten, Atlanten und Ausrüstungsgegenständen vollgestopftes Basislager, Station zwischen den Ausfahrten, nichts weiter als ein zufälliger Ort, an dem er seine Reportagen niederschrieb und von dem er jederzeit wieder weg konnte.

Um die Verachtung in seinem Kopf zu verbergen, von der er sich auf merkwürdige Weise bedrückt fühlte, bediente er sich bei den Unterhaltungen in *Vic Falls Town* eines alten Tricks, zu dem er seit Jahren

Zuflucht nahm, wenn er nicht als Reiseschriftsteller, sondern als Tourist unter Touristen wahrgenommen werden wollte. Er schlüpfte in die Haut des Menschen, den er am besten kannte und der ihm am nächsten war, in die Haut seiner Zwillingsschwester Alexandra. Das machte die Maskerade sehr einfach. Er blieb bei seinem Vornamen, adaptierte ihr Leben, phantasierte es in eine männliche Variante um und vermischte es mit Zügen seines eigenen. Auf diese Weise wurde er in der Vorstellung seiner Gesprächspartner zu einem Geographielehrer, kinderlos, alleinstehend. Alexandra unterrichtete Geographie und Sport an einer gymnasialen Oberstufe, hatte zwei erwachsene Söhne und war glücklich verheiratet. Er fand es praktischer – in der Selbsterfindung wie im wirklichen Leben –, auf eine Familie zu verzichten. Aber auf seiner Schwester beharrte er auch in der verfälschten Fassung seiner Biographie. Er verwandelte sie in eine bekannte Reiseautorin mit einer ganzen Reihe von Büchern, darunter *Die großen Ströme*, *Eine Fahrt ins Blaue* und *Sieben Reisen in die Stille*.

Kein einziges Mal in all den Jahren, in denen er seine Verwechslungskomödie inszeniert hatte, war er auf jemanden gestoßen, der eines dieser Bücher kannte und wusste, dass es nicht von einer Frau, sondern von einem Mann geschrieben war. Mit diesen kleinen Enttäuschungen, die ihn Mal um Mal mit den Grenzen des Bekanntheitsgrades des Schriftstellers Alexander Lerch konfrontierten, büßte er das Spiel mit seiner Identität.

Hin und wieder kam er in den Bars von *Vic Falls Town* mit einigen der jungen, englisch sprechenden Einheimischen ins Gespräch, die den Europäern und Amerikanern zu den ersehnten Kicks verhalfen. Sie steuerten die Boote, in denen die Touristen, mit Schwimmwesten umgürtet, durch die Stromschnellen unterhalb der Fälle schossen. Oder sie organisierten die Helikopterflüge, die man an sonnigen Tagen für hundert Dollar pro Person und Stunde buchen konnte. Alexander hatte einmal aus der Ferne gesehen, wie Hubschrauber über den Wasserfällen hingen, winzig wie Libellen über dem weißschäumenden Donner. Selbst die Motorengeräusche wurden von diesem Donner verschluckt. Wenn die Hubschrauber durch einen Regenbogen flogen, zerstäubten die Rotorblätter die Wassertropfen und mit ihnen die Farben, aber schon kurze Zeit später schimmerte der Bogen wieder unversehrt, wie seit je her. Auch Livingstone, der im Jahr 1855 als erster Europäer bis zu den Wasserfällen vorgedrungen war und sie nach der britischen Königin als *Victoria Falls* bezeichnet hatte, musste die Regenbögen schon auf die gleiche Weise gesehen haben.

Am Morgen des festgesetzten Tages ließ er sich von einem der Einheimischen, mit denen er in den Bars Bekanntschaft geschlossen hatte, zur Brücke fahren. Der junge Mann raste lachend mit einer Hand am Steuer die Straße entlang, als lenke er ein Raftingboot durch die Stromschnellen. Alexander ergab sich in sein Schicksal und konzentrierte sich auf das schabende Geräusch, mit dem hinten auf der Ladefläche des klapprigen Toyota ein riesiges, in Kreise gelegtes Seil hin und her rutschte. Sein fröhlicher Chauffeur erzählte ihm, Livingstone habe über die Wasserfälle gesagt, ihr Anblick würde selbst Engel im Flug erstaunen.

Das alles ist im Moment des Sprungs vergessen. Alexander hat in den drei Sekunden, die ihm bleiben, keine Zeit zum Staunen. Nicht über den Sambesi, nicht über sich selbst. Es läuft auch kein Lebensfilm vor ihm ab in Blitzgeschwindigkeit, nur die Felswände der Schlucht zischen am Rand seines Sehfeldes vorbei. Er fällt aus sich heraus, stürzt, ohne den eigenen Schrei zu hören, dem brodelnden Strom entgegen. Er hat gerade genug Zeit, die Arme auszubreiten.

Sechs Wochen zuvor stand er in einem alten Kirchenbau in Halberstadt und dachte darüber nach, wohin er reisen würde, wenn er wüsste, dass mit dem Ende dieser Reise auch sein Leben zu Ende gehen würde. In seinen Reportagen achtete er stets darauf, den uralten Vergleich des Lebens mit einer Reise zu vermeiden, obwohl ihm von den Redakteuren dieser Vergleich immer wieder abgefordert wurde. Eine Flussfahrt von der Mündung bis zur Quelle stellten sie sich automatisch als Suche nach dem eigenen Ursprung vor. Dabei kam es beim Reisen doch vor allem darauf an – jedenfalls wenn man kein Tourist oder Abenteurer war –, sich vom eigenen Ursprung möglichst weit zu entfernen, aus der schmalen Tür des Ichs zu treten und fort zu gehen.

Die Frage nach seiner letzten Reise war ihm von Alexandra ein paar Tage vor seiner Fahrt nach Halberstadt gestellt worden, und er hatte sich zunächst ein wenig lustig darüber gemacht. Für ein Reisejournal musste er einmal einen dieser Fragekataloge ausfüllen, in denen es um die Helden der Kindheit, die liebste Romanfigur, die größte historische Tat und den innigsten Wunsch für die Menschheit ging. Natürlich gab es auch eine Spalte für das Buch, das er mit auf die einsame Insel nehmen würde. Und natürlich trug er »Die Bibel« in die Spalte ein. Fast alle an dieser Umfrage Beteiligten gaben vor, für die einsame Insel die Bibel zu wählen. Seltsam nur, dass auf dem Festland des Lebens nur wenige in diesem Buch lasen, offenbar hoben es sich alle für eine Gelegenheit auf, von der sie wussten, dass sie niemals kommen würde; und er bildete keine Ausnahme. In einer anderen Spalte war nach der letzten Reise gefragt worden. Seine Antwort hatte gelautet: Eine Fahrt zum Mond. Das sagte er lachend auch zu Alexandra: Ich würde eine Reise zum Mond wählen, um die Erde vom Himmel aus zu betrachten. Man sagt, von dort oben wären Abschnitte der chinesischen Mauer zu erkennen, und neuerdings auch die Hochhäuser von Dubai.

Er saß ihr am Küchentisch gegenüber, vor sich ein Stück ihres herrlichen Apfelkuchens, und sah bestürzt die Tränen in ihre Augen treten. Ich werde bald die Erde vom Himmel aus sehen, meinte sie, und er wurde bleich bis in die Lippen, als er begriff, dass etwas Furchtbares mit ihr vorging. Er stand auf, trat hinter ihren Stuhl und umschlang sie mit den Armen, bis sie aufhörte zu weinen. Alexander hatte viel näher am Wasser gebaut als Alexandra. Das pflegte ihre Mutter immer zu sagen. Wie verschieden empfindlich Zwillinge sein können, und ausgerechnet der Junge ist so zart besaitet. Dass er seine Schwester zuletzt hatte weinen sehen, selbst mit den Tränen kämpfend, lag schon Jahre zurück. Sie standen am offenen Grab, und die Trauergäste warfen Erde auf ein Blumengebinde, das den Sarg mit dem vom Krebs ausgezehrten Leichnam der Mutter schmückte.

Nachdem Alexandra sich beruhigt hatte, setzte er sich wieder hin, schob den Teller mit dem angegessenen Apfelkuchen von sich und wartete. Sie brauchte ein, zwei Minuten, um sich zu sammeln. Dann sagte sie, auf einmal ganz nüchtern, sie habe einen Gehirntumor. Die Ärzte fürchteten, er lasse sich nicht operieren, aber das stand noch nicht endgültig fest. Wenn er sich nicht operieren lasse, hätte sie noch zwei Jahre, schätzten die Ärzte, vielleicht etwas weniger, vielleicht etwas mehr. Sie sah ihn an und schwieg. Wieder traten ihr Tränen in die Augen. Alexanders Unterlippe begann zu zittern. Nach einer Weile wiederholte Alexandra ihre Frage: Wohin würdest du deine letzte Reise machen?

Alexander stand im Querhaus einer beinahe tausend Jahre alten, aber seit zwei Jahrhunderten nicht mehr für Gottesdienste benutzten Kirche in Halberstadt, starrte auf sechs Orgelpfeifen in einem seltsamen Gestell und lauschte dem Dauerton, der das leere, altarlose Gebäude durchzog. Er dachte über seine letzte Reise nach. Was würde er tun, wenn er an Alexandras Stelle wäre? Er wusste es nicht. Er war nicht an Alexandras Stelle. Es machte ihn fassungslos, dass er sich nicht in ihre Lage versetzen konnte, obwohl sie seine Zwillingsschwester und ihm der liebste und vertrauteste Mensch auf Erden war. Das Mitleid zerriss ihm das Herz. Und der Zorn darüber, dass sie sterben würde, nicht irgendwann – wann ist schon irgendwann? –, sondern in zwei Jahren oder etwas früher oder etwas später, schnürte ihm die Kehle zu. Aber er konnte sich nicht in ihre Lage versetzen, nicht wirklich, mit Haut und Haar und Leib und Seele. Es war kein individuelles Unvermögen, das spürte er, nichts, an dem er etwas würde ändern können, wenn er sich nur richtig anstrengte. Auch wenn er noch so viel nachdachte, niemals würde er das Hindernis überwinden, das ihn vom Verstehen des Todes trennte, mochte ihm der Tod auch so nahe kommen, wie es näher nicht möglich war, ohne ihn umzubringen. Das Hindernis war sein Körper. Die einfache, banale Lebenstatsache, dass ununterbrochen das Herz in seinem Körpers schlug, hinderte ihn daran, zu begreifen, was es heißt, zu sterben: auf der Stelle, nach dem nächsten Wimpernschlag, in drei Sekunden.

Wie lange dauern zwanzig Milliarden Sekunden? Im Sockel des Gestells mit den Orgelpfeifen in dem turmlosen romanischen Kirchenbau hingen drei kleine, weiße Säckchen und hielten mit ihrem Gewicht die Tasten nieder, damit ein elektrisch betriebener Blasebalg ohne Unterbrechung Luft durch die Pfeifen drücken und den E-Dur-Akkord hervorbringen konnte, der wie ein Klangbogen im Kirchenschiff stand. Das Stück, das gespielt wurde, stammte von dem 1992 gestorbenen Komponisten John Cage und trug den Titel *As Slow As Possible – So langsam wie möglich*. Es war bei seiner Uraufführung neunundzwanzig Minuten lang gewesen und sollte in St. Burchardi in Halberstadt 639 Jahre dauern, rund zwanzig Milliarden Sekunden.

Alexander verdankte den Auftrag, eine Reportage über die längste Musikaufführung aller Zeiten zu schreiben, dem Redakteur einer Illustrierten, der von den *Sieben Reisen in die Stille* schwärmte. Mit Stille hatte das Orgelstück begonnen: Siebzehn Monate lief nur leise surrend das Gebläse, bis die ersten drei Säckchen ans Manual gehängt worden waren und der erste Akkord ertönte. Es würde siebzehn weitere Monate dauern, bis der nächste dazu kam.

Würde Alexandras Zukunft dann schon abgeschlossen sein? Würde die Zahl der Herzschläge und Atemzüge, die Alexander mehr hatte als sie, unaufhaltsam größer und größer werden?

Durch die Pfeifen der Orgel würde Jahre und Jahrzehnte, nahezu sechseinhalb Jahrhunderte lang Luft strömen, und die Anzahl der Pfeifen würde stetig zunehmen bis zur Vollendung des Stücks, das mit der Vollendung der Orgel zusammenfiel, von der es hervorgebracht wurde. Über sechshundert Pfeifen sollten es einmal sein, die kleinste kurz wie ein Finger, die größte hoch wie drei Mann. Jeder Akkord würde einundsiebzig Jahre lang gespielt werden, aber eines Tages, am 5. September des Jahres 2639 würde, falls es St. Burchardi, Halberstadt und die Menschheit dann noch gab, auch dieses Stück sein Ende finden und die letzten drei Sekunden des letzten Akkords verklingen.

Viele Menschen würden bis dahin geboren werden, gelebt haben, gestorben und vergessen sein. Staaten würden zerfallen, neue sich bilden. Und die ersten Jahre des 21sten Jahrhunderts würden für die Menschen, die gegen Mitte des 27sten Jahrhunderts an Alexanders Stelle stehen und dem letzten Ton dieses uralten Musikstückes zuhören würden, so ungeheuer weit weg sein wie für ihn das Mittelalter.

War das ein Trost? Das hing allein von der Auferstehung ab. Wenn es eine Auferstehung gab, mochte sie auch eine Ewigkeit auf sich warten lassen, wenn es sie nur gab, dann war es ein Trost. Alexander konnte nicht an die Auferstehung glauben, und er wusste, dass es Alexandra ebenso ging. Es war kein Trost.

An einer der Kirchenwände hingen Tafeln mit Jahresangaben und Inschriften. Für eine Spende von

Tausend Euro, die dem Weiterbau der Orgel zugute kam, konnte man sich ein Jahr aussuchen, das noch nicht vergeben war, und eine Tafel mit dieser Jahreszahl und einer selbstgewählten Inschrift in der Kirche anbringen lassen. Von den nächsten Jahren war fast keines mehr frei. Aber schon in der näheren Zukunft, gegen Ende des Jahrhunderts, wenn von den heutigen Menschen allenfalls noch ein paar uralt gewordene Neugeborene leben würden, waren viele Jahre noch unbesetzt. Und in der Ferne der Zeit tat sich die Leere auf. Was soll man auf die Tafeln der Zukunft schreiben?

Als Alexander die Reihe der Jahre abschritt, bemerkte er, dass für 2017 die Tafel noch fehlte, obwohl es bis dahin und auch in den ersten dreißig Jahren danach kaum noch Lücken gab. Was für ein seltsamer Zufall. 2017 würden er und Alexandra ihren 60sten Geburtstag feiern. Und wie sie ihn feiern würden! Sie darf nicht sterben. Mit klopfendem Herzen eilte Alexander ins Büro der Organisatoren, fürchtend, es könne ihm jemand in letzter Sekunde zuvorkommen. Das Jahr 2017 war tatsächlich noch frei. Er ließ sich die Tafel reservieren und hinterlegte den Text: »Es wird einmal gewesen sein.« Die Frau im Büro war für einen Moment irritiert, dann lächelte sie: »Vielleicht fangen so die Zukunftsmärchen an.« Alexander nickte: »Vielleicht.«

Alexandra klammert die Finger um das Geländer der Brücke über den Sambesi und sieht, wie ihr Bruder in die Tiefe stürzt. Ihr bleibt fast das Herz stehen. Die Reise zu den *Victoria Falls* ist ihr Wunsch gewesen. Sie hat immer davon geträumt, eines Tages wie Livingstone die Regenbögen über dem weißen Schaum der seit ewigen Zeiten in die Tiefe donnernden Wasser zu sehen. Wenigstens wird dieser Wunsch in Erfüllung gegangen sein, falls…

Sie hat gestern bei einer Wanderung zum Rand der Schlucht mit ihrem Mann beschlossen, über diesen *Fall* nicht mehr nachzugrübeln. Sie muss an ihre Heilung glauben, an die Liebe ihres Mannes denken und sich auf die Hoffnung konzentrieren. Es hat sich herausgestellt, dass es doch eine Chance gibt, den Tumor operativ zu entfernen. Das Risiko ist hoch, sehr hoch, Fifty-Fifty, so hatte der Arzt es ausgedrückt und bedauernd die Stirn in Falten gelegt. Fünfzig Prozent sind wenig. Aber ohne die Operation sind es Null Prozent. Sie hatte sich entschieden und war dann mit ihrem Mann auf die Reise gegangen, obwohl der Arzt davor warnte, die Operation hinauszuzögern. Jetzt geht die Reise zu Ende. Sie hat mit ihrem Mann ein paar Tage in einer netten Unterkunft in *Livingstone Town* auf der sambischen Seite verbracht, um alles noch einmal zu besprechen, was es in so einem Fall zu besprechen gibt. Jetzt ist alles geregelt.

Sie sieht, wie Alexander im Sturz die Arme ausbreitet, legt im Schreck die Hand über den Mund und sagt immer wieder vor sich hin: Oh mein Gott, oh mein Gott. Für drei Sekunden nimmt sie nur Alexander wahr und vergisst alles andere, ihren Mann, der besorgt neben ihr steht, sich selbst und sogar das Ding in ihrem Kopf. Er hätte es nicht tun sollen, oh mein Gott, er hätte es einfach nicht tun sollen.

Nach der Tumordiagnose bei Alexandra hatte der Arzt dringend empfohlen, dass Alexander zur Vorsorgeuntersuchung ging. Die Erkrankung der Zwillingsschwester und der Krebstod der Mutter lasse eine genetische Disposition vermuten, und je eher ein Krebs entdeckt werde, desto besser lasse er sich behandeln. Alexander hatte sich zunächst geweigert und in seiner ironischen Art daran erinnert, dass ihm als junger Mann nach einem EKG ein Herzfehler attestiert worden war. Wenn es nach dem EKG gegangen wäre, meinte er, dürfte ich gar nicht mehr leben. Nach seiner Rückkehr aus Halberstadt jedoch hatte er dem Drängen Alexandras nachgegeben und versprochen, sich untersuchen zu lassen, aber erst, wenn sie alles überstanden habe, nicht vorher, auf gar keinen Fall. Bei dieser Gelegenheit hatte sie ihm von der Afrikareise erzählt, die sie mit ihrem Mann noch machen wollte, bevor sie sich unters Messer legte. Sie vereinbarten, dass Alexander dazustoßen und sich mit ihnen auf der Brücke über den Sambesi treffen würde, um dann gemeinsam nach Hamburg zurück zu reisen.

Alexander taucht mit dem Kopf ins Wasser und wird schon im nächsten Moment wieder nach oben gezogen. Das Spezialseil, das um seine mit Handtüchern gepolsterten Knöchel geschlungen ist, zieht sich zusammen und hebt ihn empor, bevor das Seil sich wieder dehnt, und er erneut in die Tiefe stürzt, aber langsamer diesmal und ohne dabei in den Fluss zu tauchen. Während Alexanders Körper auf und ab pendelt, wird die Winde in Bewegung gesetzt und zieht ihn, kopfunter am Ende des Seils hängend, nach oben. Alexandra nimmt die Hand vom Mund, lehnt sich an die Schulter ihres Mannes und atmet tief aus. Es ist ihr Sprung, den Alexander eben absolviert hat. Seit sie zum ersten Mal vom Bungy Jump in den Sambesi hörte, träumt sie von diesem Sprung. Aber der Arzt hatte ihn kategorisch verboten, er war richtig böse geworden und hatte gefragt, was sie wohl im Kopf habe, dass sie es darauf anlege, in den Tod zu springen. Alexander konnte sie verstehen. Er hätte sich ein anderes Geschenk ausgesucht vor einer Operation, die auf eine Fifty-Fifty Wette mit dem Tod hinauslief. Aber er konnte sich in sie hineinversetzen, und darauf kam es an. Vielleicht gelang es ihm auf diese Weise, seinen Körper zu überlisten, dieses Hindernis, das es ihm unmöglich machte, zu verstehen, wirklich mit Haut und Haar und Leib und Seele zu verstehen, wie es ist, wenn der Tod in der schmalen Tür des Ichs steht.

Alexandra sieht, wie der vom Seil nach oben gezogene Körper ihres Bruders sich einen Moment aufbäumt, dann mit nach unten baumelnden Armen erschlafft und sich um die eigene Achse zu drehen beginnt. Oh mein Gott, er hätte es nicht tun sollen, sein Herz, an sein Herz habe ich gar nicht gedacht, bitte lieber Gott, ein Gebet schießt durch ihren Kopf, ein Klein-Mädchen-Gebet aus innerster Seele, bitte lieber Gott mach, dass Alex nichts passiert ist. Als das Seil nur noch zehn Meter vom Brückengeländer entfernt ist, breitet Alexander plötzlich die Arme aus, als wolle er so, wie er hinuntergesprungen ist, wieder zurückspringen auf die Plattform in der Mitte der Brücke, auf der zitternd seine Schwester steht und auf ihn wartet.

Alex Capus

Curlingsteine auf der Ostsee

Es war die Zeit, als Eisenbahnschaffner noch keine Tattoos und Pferdeschwänzchen, sondern Uniform und steife Offiziershüte trugen. Die Bahnhöfe waren in grünes Neonlicht getaucht, und in den Wartehallen hingen Fahndungsplakate mit grobkörnigen Fotos von RAF-Terroristen. In den Kneipen gab es noch keine Sushi und keine Falafel, sondern Pommes und Currywurst. Im Radio lief Boney M., im Fernsehen Teleboy. *1984* lag noch in der Zukunft, und *Big Brother* war noch keine Fernsehsendung. Jedes Kleinbürgerhäuschen hatte einen Atombunker mit karierten Vorhängen und Spitzendecken, und Bo Derek galt als die schönste Frau der Welt.

Es war der 25. Dezember 1980, als ich mich aufmachte, hinauf in den Norden zu fahren und meinen Freund Hans Erik Jørgensen zu besuchen, den ich im Sommer zuvor auf meiner Maturareise auf Korfu kennen gelernt hatte. Hans Erik Jørgensen, so hieß er tatsächlich, war aus Kopenhagen in Dänemark und hatte einen blonden Bart und blaue, ein wenig wässrige Augen, und nach dem ersten Tag am Hippie-Strand von Pelekas waren sein Gesicht, die Schultern und Oberschenkel derart verbrannt gewesen, dass man Mitleid mit ihm haben musste. Er war ein paar Jahre älter als wir und litt an einer zerbrochenen Liebe, über die er nicht sprechen wollte, und er kochte am Strand für uns Spaghetti über einem Feuer aus Treibholz und brachte uns bei, wie man flachgedrückte Gabeln an Bambusrohren festband, um draußen an den Klippen Barsche und Sardinen zu harpunieren. Wenn ich mich recht erinnere, war er Lehrer von Beruf. Er sprach mit uns über Neil Young, Nostradamus und den CIA, und er war schon in Indien gewesen und kannte sich aus mit halluzinogenen Pilzen sowie Akupressur und Tofu. Wie viele Menschen zu jener Zeit litt er am Gefühl, dass der Sommer der Liebe unwiederbringlich vorbei war und dass es seine Generation gewesen war, die sich irgendwann aufgegeben und alles verpfuscht hatte; außerdem ahnte Hans Erik Jørgensen, dass sein Leben ihm, der doch erst Mitte Zwanzig war, nichts Interessanteres mehr bieten würde als einen Lehrerjob an einer Grundschule in einem Außenquartier von Kopenhagen, Dänemark.

Aus heutiger Sicht mag dieser weinerliche Existentialismus eines braungebrannten und bindungslosen Mittelstandskindes nicht unbedingt abendfüllend erscheinen; auf jener Maturareise im Sommer 1980 aber waren meine Klassenkameraden und ich beeindruckt von Hans Erik Jørgensens schonungslosem Pessimismus; dies umso mehr, als wir ebenfalls düsterste Visionen hatten von einer nahen Zukunft, die irgendwie aus braunen Sümpfen und toten Wäldern bestehen und beherrscht sein würde von bösartigen Computern, die die versprengten Reste der Menschheit mit Laserkanonen verfolgten. Stunden- und tagelang konnten wir mit Hans Erik Jørgensen im Schatten von Feigenbäumen sitzen und die Schrecken von 1984 erörtern; und erstaunlicherweise beschlich uns keinen Moment die anarchische Zuversicht, dass die Menschheit im Bedarfsfall schon die nötige kriminelle Energie aufbringen werde, um sich gegen ein paar olle Computer und Laserkanonen zur Wehr zu setzen.

Wenn dann die Nacht hereinbrach, aßen wir unsere selbst harpunierten Fische, tranken Retsina und verloren für einige Stunden das Interesse an der Apokalypse. Gegen Mitternacht verkroch Hans Erik Jørgensen sich in seinen Schlafsack, und wir zogen über den Strand, an dem alle paar Schritte kleine Lagerfeuer brannten, und suchten mit nicht sehr großem Erfolg nach Mädchen, die mit uns schlafen wollten.

So vergingen die Tage friedfertig und einförmig; mal zog ein Gewittersturm über den Strand, mal die griechische Polizei oder eine Salmonellenepidemie. Dann waren die Sommerferien vorbei und die Mittelstandskinder Westeuropas fuhren nach Hause zu ihren Eltern, ihren Dual-Plattenspielern und ihren Erich Fromm-Büchern. Ich erinnere mich, dass Hans Erik Jørgensen, der schon ziemlich gut gelernt hatte, seinen Gefühlen Ausdruck zu verleihen, sich beim Abschied abwandte, als ob er nächstens weinen würde, und dass mir das peinlich war. Weil ihm das Geld ausgegangen war, lieh ich ihm etwas für die Heimfahrt.

Seither waren vier Monate vergangen. Weihnachten war vorbei, und ich saß im Zug und war unterwegs zu Hans Erik Jørgensen nach Kopenhagen, Dänemark. Vor der Abreise hatte ich mit dem Gedanken gespielt, meinen Besuch telefonisch anzumelden, mich dann aber für einen spontanen Überraschungsbesuch entschieden. Kalte Polarluft war nach Süden vorgestoßen, die niederrheinische Tiefebene lag glitzernd weiß unter der fahlen Wintersonne. Der Zug hielt in Freiburg, Offenburg, Baden-Baden. Ich saß allein in einem überhitzten Abteil mit roten Plüschsesseln und war damit beschäftigt, mit meinem Finnenmesser an meiner Lammfelljacke den Reißverschluss zu entfernen. Ich würde an seiner Stelle Knöpfe annähen, die ich schon sehr bald aus Holz oder Horn oder so schnitzen würde; denn im nuklearen Winter, das war mir klar, würde ich meine Lammfelljacken aus selbst gegerbtem Lammfell von selbst erlegten Lämmern schneidern müssen, und die Verschlüsse müssten aus Materialien bestehen, die Mutter Natur mir dann noch zur Verfügung stellen würde. Da konnte es nur nützlich sein, wenn ich mich jetzt schon an ein Leben ohne Reißverschluss gewöhnte.

So verging der Morgen, während der Zug über Karlsruhe, Mannheim, Darmstadt nach Frankfurt fuhr. Französische Besatzungssoldaten lümmelten im Seitengang, später auch Amerikaner, Belgier, Briten. Ich nähte auf der Innenseite des linken Ärmels meiner Schaffelljacke ein rechteckiges Stück Leder fest und fertigte so eine geheime Tasche an, in der ich nach dem Atomkrieg Nuggets, Feuerzeug und geheime Schriftstücke verstecken würde. Ich dachte an die Ereignisse der letzten Monate, die ich mit Hans Erik Jørgensen in Kopenhagen, Dänemark, besprechen musste. Keine drei Wochen war es her, dass ein namenloser Blödmann John Lennon erschossen hatte, und einen weiteren Monat zuvor hatten sehr viele Blödmänner Ronald Reagan zum 40. Präsidenten der USA gewählt. Ein Erdbeben hatte Norditalien verwüstet, zwischen Iran und Irak war der Krieg ausgebrochen, die Sowjetunion war in Afghanistan einmarschiert. Der Nato-Doppelbeschluss warf schon erste Schatten, in Spanien stand ein Putsch bevor, und Lady Diana Spencer hatte ihre baldige Vermählung mit Prinz Charles angekündigt. Immerhin zog in jenen Tagen Voyager I am Saturn vorbei und funkte Bilder von betörender Schönheit zur Erde.

Irgendwo auf der Strecke zwischen Kassel, Hannover und Hamburg ging der kurze Wintertag zu Neige; das Licht des nächsten Morgens würde ich schon in Kopenhagen, Dänemark, sehen. Ich würde mit Hans Erik Jørgensen in die Sauna gehen, rohen Fisch und diese trockenen Brötchen essen und dieses berühmte Bier trinken, wie hieß es nochmal – Carlson? Lindenberg? Und dann würden wir zur berühmtesten Attraktion Kopenhagens, in die sagenhafte autonome Republik Kristiania fahren, wo tausende junger Leute frei und umsonst nach Lust ein immerwährendes Fest feierten. Vielleicht würde ich auf Dauer bleiben, falls ein Plätzchen für mich frei war und ein Mädchen mit mir schlafen wollte, und dann würde ich in Kristiania, befreit von allen Zwängen und Repressionen meiner kleinstädtischen Gymnasiastenexistenz, aus dem Stand faszinierende Romane zu schreiben beginnen, die weltweit von sehr vielen schönen Frauen gelesen werden würden, und mit einer von ihnen würde ich irgendwann – auf alle Fälle noch vor 1984 – ein Blockhaus in den endlosen Birkenwäldern Dänemarks bauen und im Keller große Vorräte an Rentierfleisch anlegen, um gewappnet zu sein für die Diktatur der Computer und der Laserkanonen nach dem Dritten Weltkrieg.

Es war tiefe Nacht, als der Zug gegen die Ostsee stieß – ob in Travemünde, Kiel, Rostock oder sonstwo, weiß ich nicht mehr. Ich glaube mich zu erinnern, dass der ganze Zug mit allen Waggons samt der Lok in den Bauch einer Fähre rollte und dort still hielt, während die Fähre hinaus auf die zugefrorene See stach; kann das sein, gab es das damals? Ganz sicher weiß ich, dass ich die Überfahrt zuvorderst auf der Back der Fähre zubrachte; der Wind blies ziemlich scharf, und ich bedauerte, nicht ein paar Holz- oder Hornknöpfe an meiner Lammfelljacke angenäht zu haben, bevor ich den Reißverschluss entfernte. Unter der Außentreppe zum Oberdeck fand ich ein zerfranstes Stück Seil, schnitt es mit meinem Finnenmesser zurecht und band es mir als Gürtel um die

Jacke. Die Ostsee war schwarz gefroren und spiegelglatt. Knirschend und splitternd barst das Eis vor dem stählernen Bug, und wagenradgroße Eisschollen schlitterten über die Eisfläche in die Nacht hinaus wie überdimensionale Curlingsteine, während das Schiff unbeirrt nordwärts Richtung Kopenhagen, Dänemark, fuhr. Ich dachte daran, wie ich und das Volk, das ich zu begründen gedachte, im hundertjährigen Winter durch die Tundra ziehen würden auf der Suche nach Frischfleisch und den letzten Oasen der Zivilisation. Nach einer Weile tauchte eine blonde Frau mit zwei Mädchen auf und stellte sich zu meiner Linken an die Reling, um die schlitternden Eisschollen zu betrachten. Dann entdeckte die Frau das Messer in meinem Stiefelschaft und scheuchte ihre Mädchen erschreckt zurück unter Deck.

Es muss lang nach Mitternacht gewesen sein, als Land in Sicht kam. Der Hafen war von grünem Neonlicht erleuchtet, am Pier standen uniformierte Zöllner. Vermutlich öffnete sich am Bug die Ladeklappe, und vielleicht täuscht meine Erinnerung mich nicht und es rollte tatsächlich ein ganzer Eisenbahnzug aufs dänische Festland. Ganz gewiss aber weiss ich, dass ich selber mich nicht an Bord jenes Zuges befand, denn ich stand vor dem Schreibtisch eines unrasierten und übernächtigten Zollbeamten, der misstrauisch meine Identitätskarte musterte und mich nach meinen Plänen in Dänemark fragte. Ich sagte, dass ich unterwegs sei zu meinem Freund Hans

Erik Jørgensen in Kopenhagen, Dänemark, und dass ich spätestens in einer Woche nach Hause zurückkehren wollte. Der Zöllner wollte mein Geld und meine Rückfahrkarte sehen. Ich erklärte ihm, dass ich nur ein paar Münzen und eine einfache Fahrkarte besäße, aber in Kopenhagen, Dänemark, Hans Erik Jørgensens Gast sein würde, der im übrigen Lehrer sei und mir Geld schulde, mit dem ich meinen Aufenthalt in Kopenhagen zu bestreiten und die Rückfahrkarte zu kaufen gedächte.

Der Zöllner war ein netter Mensch. Er erklärte sich bereit, Hans Erik Jørgensen zu nachtschlafener Zeit anzurufen und meine Angaben zu überprüfen. Da im Kopenhagener Telefonbuch in jenem Jahr acht Männer namens Hans Erik Jørgensen vermerkt waren, riss er einen nach dem anderen telefonisch aus dem Schlaf, bis endlich der sechste Hans Erik Jørgensen durchblicken ließ, dass ihm mein Name eventuell bekannt vorkommen könnte. Der Zöllner reichte mir den Hörer.

»Hans?«, rief ich. »Hans Erik Jørgensen? Erinnerst du dich?«

Natürlich erinnerte Hans Erik Jørgensen sich, und er freute sich auf meinen Besuch. Ich reichte dem Zöllner den Hörer zurück, damit die beiden die Formalitäten von Däne zu Däne regeln konnte. Aber nach ein paar Worten hängte der Zöllner ein und sah mich mit einem Blick an, in dem alle Traurigkeit dieser Welt lag.

»Geh zurück aufs Schiff, Junge«, sagte er. »Hundert Franken reichen nicht.«

»Wie?«

»Dieser Jørgensen schuldet dir nur hundert Franken, da kann ich dich nicht reinlassen. Skandinavische Zollunion, verstehst du. Hundert Franken reichen für gar nichts. Nicht fürs Essen, nicht fürs Trinken, schon gar nicht für die Rückfahrt.«

»Aber…«

»Na los, mach schon, die Fähre legt gleich wieder ab, für dich ist die Rückfahrt gratis! Mein Gott, was seid ihr nur für eine unnütze Generation, keinen Tag allein überlebensfähig. Was soll man nur mit Euch anfangen? Jetzt lauf, geh heim zu Mama! Und mach die Jacke zu, du erkältest dich sonst!«

Und dann, so glaube ich mich zu erinnern, wandte er sich ab, als müsste er weinen.

Judith Kuckart

Jetzt werde ich glücklich sein

Kurz bevor er die neue Stelle als Vertriebsleiter eines Verlags für juristische Literatur antrat, fuhr er zu einer Weiterbildung nach Bad Münstereifel. Er hatte seine eigenen Erinnerungen an die Eifel. Dort hatte er an einem späten Nachmittag in einen Wald aus Licht und Bäumen hineingesehen und gesagt: Jetzt werde ich glücklich sein. Das war vor fünfundzwanzig Jahren gewesen. Jetzt war er fast vierzig und auf dem Kalender stand, es sei Samstag, 3. November 2007. Tags zuvor hatte ihn die Nachricht erreicht, dass seine Tante, die ein Jahr jünger war als er, sich das Leben genommen habe. Sie hatte als ungelernte Arbeiterin in der Schirmfabrik am Fließband gestanden. Eigentlich war sie immer eine fröhliche Person gewesen.

Zum Nachtessen gab es roten Tee und Schnittchen mit Gurkengarnitur, was zur Tagungsstätte Bad Münstereifel passte: Eine Jugendherberge für Erwachsene mit dem Geruch nach evangelischem Kirchengemeindesaal, wenn er die Kleiderschranktür öffnete. Nach dem Abendessen ließ er sich mit den Kollegen vor einer kahlen Wand fotografieren, von einer der weißen Küchenfrauen mit Haarnetz. Sie kicherte, während sie die Fotos machte. Ihr Gesicht war ein blanker Apfel, und sie roch nach Kernseife, als sie ihm die Kamera zurückgab. Wenn er sich was wünschen dürfte, käm' er in Verlegenheit? Das Fenster in seinem Zimmer ließ er für die Nacht offen und warf die braune Wolldecke aus dem Kleiderschrank über das Plumeau. Sie roch, wie Wolldecken eben riechen. Für ihn nach Eifel. Er legte sich ins Bett. Was er sich denn wünschen sollte, eine schlimme oder gute Zeit?

Die Eifel gehörte in seine Kindheit, war das dunkle Land, das eine Bahnschranke von einem noch dunkleren Land jenseits dieser Bahnschranke trennte. Er drehte sich zur Wand, und so fiel ihm auch der Name des Ortes wieder ein. Kalterherberg. Irgendjemand aus der Verwandtschaft hatte eine Autowerkstatt in Kalterherberg. Vom Wohnzimmerfenster des selbst gebauten Bungalows aus hatte er die Hebebühnen in der Garage und die rostigen Hinterteile von zweitürigen Autos sehen können, während er und die Großmutter auf der Durchreise zum Bauernhof des Alten dort Halt machten. Der Alte war der Vater der Großmutter und der Ziehvater der Tante. Bevor sie zu ihm kamen, wurden sie von den Kalterherbergern, die nie zum Alten fuhren, mit fettem Kuchen abgefüttert. Geredet wurde kaum. Ja, in der sommerlichen Langeweile damals machte sein Leben nicht den Anschein, als würde es einmal groß ausfallen. In seinem Bett in der Tagungsstätte Bad Münstereifel drehte er das Gesicht weg von der Wand und zurück ins Zimmer. Jemand auf dem Gang sagte ganz deutlich: Was man bis sechsundzwanzig nicht geschafft hat, das schafft man nie mehr. Er stand auf. Die braune Wolldecke rutschte zu Boden, und leise öffnete er die Zimmertür. Der Gang war leer. Das Fenster hinter ihm schlug im Luftzug zu. Er schloss die Tür. Ja, wenn er sich was wünschen dürfte, möcht' er etwas glücklich sein. Er ging zurück ins Bett.

Zwei Flecken weiter als Kalterherberg stand der Bauernhof, wo der Alte und die Tante wohnten, ein hufeisenförmiges Fachwerkhaus um einen hölzernen, einsamen Mann und ein strichdünnes Mädchen ohne Eltern herum gebaut. Der Alte wartete am Rand des Gemüsegartens, hielt die Hand als Schirm über die Augen, um wie jedes Jahr über den Besuch hinweg und Richtung Belgien zu schauen. Sie packten die Koffer aus, sie wohnten wie immer unter dem Dach neben dem Zimmer der Tante, mit der er im letzten Jahr noch in einem Bett geschlafen hatte, weil sie Kinder waren, die Tante und er. Jetzt schliefen sie getrennt, aber wie jedes Jahr streichelte er im Hof die Hühner, ritt auf der ältesten Kuh und wischte sich morgens auf dem Plumpsklo den Hintern mit Zeitungspapier. Schön war's. Der Sommer hatte sich über ihn gelegt. Und wenn er sich was wünschen dürfte? Es würde sein letztes Jahr auf dem Hof des Alten sein. Er war vierzehn.

Jenseits der Bahnschranke lag Belgien, wo unter einem dunkleren Himmel als diesseits der Schranke schwere Pferde mit kaltem Blut Baumstämme an Ketten vom Waldinnern zum Waldrand zogen. Nur dieses eine Mal hatte er sich in das Land getraut, in Begleitung der Tante. Das dünne Mädchen, dünn wie ein eingedrehter Schirm, den man überall vergisst, war nicht richtig seine Tante, sondern die Cousine seiner Mutter. Ihre Mutter und seine Großmutter waren Schwestern, zwischen denen zwanzig Jahre Altersunterschied lagen. Weil sie so klein und keine echte Tante war, nannte er sie die kleine Tante. Sie trug eine Brille, und das Gras auf dem schmalen Weg stand ihnen bis zu den Knien. Bei der Schranke blieben sie stehen. Zwischen den Holzbohlen der eingleisigen Strecke wuchs, was wollte. Kein Zug kam. Es kam schon lange kein Zug mehr. Die Sonne schaute ihnen tief in die Augen, und sie schauten zurück. Auf dem Weg zwischen Sonne und ihnen lag Belgien. Die kleine Tante packte zwei Bonbons aus, eins für sich, eins für ihn, und sie liefen mit Proviant im Mund über die Grenze. Als er den Schritt über den Bahnstrang machte, war das Gefühl da gewesen, scharf und heiß. Es hob ihn in die Luft und ließ ihn gleichzeitig fallen. Es war wie Kettenkarussell fahren ohne Kettenkarussell. Alles stimmte. Das war Belgien. Besser wusste er es nicht zu sagen. Die kleine Tante lief neben ihm her. In der Lücke zwischen ihnen, durch die nicht einmal ein Vogel gepasst hätte, war noch jemand mit dabei. Ein gläserner Gast. Das Glück. So war es, und dann war es schon vorbei gewesen.

Jetzt war die Dunkelheit vor seinem Fenster in Bad Münstereifel nicht mehr stumm. Es regnete. Bei Regen wurde er immer so melancholisch, als zwinge ihn die Stimme des Regens, rasch etwas Drittes zu tun, während Glücklichseinwollen und Traurigseinmüssen bereits über ihn herfielen. Er schaltete den Fernseher an und zappte zwischen den beiden einprogrammierten Kultursendern hin und her, bis er sich für Bob Dylan entschied. Bob Dylan beim New Portland Folk Festival 1963 bis 1966, mit akustischer Gitarre und Mundharmonika krähte er seine Hits als one-man-band durch die Nase mit einer Haltung, als seien es Kirchenlieder. Blowing in the wind, Hey Mr Tamborine Man. In einer Großaufnahme von 1964 winkten heftig einige Portland-Bäume mit ihren Zweigen im Hintergrund in sein Zimmer hinein, und auf Klappstühlen saßen Menschen mit schräg gelegten Köpfen, um ihre Andacht auszudrücken. Aber Dylan lächelte nur ihn, der damals noch nicht gelebt hatte, über sieben oder acht dicke Mikrofone und die Jahrzehnte hinweg an. It's all over now, baby blue. Während der Nachspann lief, schaltete er Fernseher und gelbe Nachttischlampe aus und schlief sogleich ein. Am Morgen blieb er bis zur letzten Sekunde liegen, betrachtete die braune Wolldecke, bis sie vor seinen Augen fusselig wurde, und genoss den geschütztesten Moment des Tages. Er stellte sich vor, dieses Büro in Köln als neuer Vertriebsleiter nie zu betreten und einfach zu verschwinden, in irgendeiner großen Stadt ohne Namen am Klingelschild, allein, ohne Frau und Beruf, aber mit einem großen Hund zu leben, mit dem er des Nachts auf der Straße herumlaufen und dabei einen Apfel essen konnte. Es war fast ein frommes Gefühl, das noch unter der Dusche anhielt und erst im Frühstücksraum zwischen den fitten Kollegen, die auf ihre Frühstückseier eindroschen, wieder verschwand. Zum Bahnhof ging er früher als die anderen und allein. Auf Gleis 1 Richtung Köln traf er einen Besoffenen, der den Fahrplan auswendig wusste. Es war Sonntag. Am kommenden Freitag würde die Beerdigung der kleinen Tante sein. In seiner Vorstellung hatte sie die Brille abgenommen und in den Schotter zwischen den Schienen gelegt, bevor sie auf einer Nebenstrecke zwischen Konzen und Kalterherberg ihrem Leben ein Ende gemacht hatte. Ihre Freundin aus der Schirmfabrik hatte auch den Teil der Familie »da oben in der Stadt« benachrichtigt und gesagt, Gertrud sei aber immer ein fröhliches Mädchen gewesen, wenigstens bis zu ihrem 37. Geburtstag, und es sei einfach schwer zu sagen, woran einer letzten Endes sterbe.

Er nahm den Zug, der alle Stunde nach Köln fuhr, und in Euskirchen stieg eine Gruppe geistig Behinderter zu. Der Anführer hieß Hans. Hans, der mit seiner verknautschten Physiognomie die Gesichter von Politikern nachmachte. Ein Mädchen von fast fünfzig Jahren im rosa Twinset saß ihm gegenüber am Fenster, lächelte in die Landschaft hinein und verzog das Gesicht zu einem Weinen, als der Zug an einem Autofriedhof vorbei fuhr. In Köln verabschiedete sich Hans mit dem verknautschten Gesicht von ihm persönlich mit einer Verbeugung, die Elefanten im Zirkus machen. Hans, sagte er dabei, angenehm. Markus, sagte Markus, verbeugte sich ebenfalls und lächelte. Wenn er sich was wünschen dürfte, möcht' er etwas glücklich sein, aber wenn er gar zu glücklich wär', hätt' er Heimweh nach dem Traurigsein.

Markus stieg als letzter aus. Er summte.

Sie hatte schon als Kind gefunden, dass Markus ein komischer Kerl sei. Hätte sie damals das Wort melancholisch gekannt, sie hätte es ihm auf den Kopf zugesagt.

Es war der Tag nach der Beerdigung des Alten, dass sie Markus belauschte, wie er mit seinem Freund aus Aachen, der immer schon aalglatt, gewandt und kalt wie eine Hundeschnauze gewesen war, sich über sie lustig machte und ihm zuflüsterte, wie er sie heimlich nannte: die kleine Tante. Markus stand beim alten Telefon im Flur und war wohl sicher, dass niemand ihn hörte. Sie stand hinter der Küchentür über die Spüle gebeugt und drückte länger als nötig ihre Handwäsche in der Lauge aus. Die kleine Tante? Sie schaute in den Spiegel über der Spüle. Ein Gesicht wie ein Winterapfel. Sie würde ab jetzt allein auf dem Hof leben. Sie war vierunddreißig, Markus ein Jahr älter. Daran hatte sich auch in den letzten Jahren nichts geändert. Als Kinder hatten sie zusammen gespielt, bis er vierzehn und sie dreizehn gewesen war. In jenem letzten Sommer war sie kurz vor seiner Abreise zu ihm rüber ins andere Zimmer geschlichen und mit unter sein dickes Plumeau gekrochen. Sie hatte versucht, ihn zu verführen, ohne genau zu wissen, was sie da tat. Du riechst aber komisch, hatte er zu ihr gesagt, du riechst wie eine nasse Wolldecke, und sie hatte von ihm abgelassen.

Ihre BHs drückte sie noch einmal im Handtuch aus, das neben der Spüle hing. Markus hatte aufgehört zu telefonieren. Draußen schien die Sonne auf den Gemüsegarten, und den Wäscheständer klappte sie nicht nur deswegen direkt vor Markus' Gastzimmer im umgebauten Stall auf. Die kleine Tante hatte eine große Brust.

Tags drauf fuhr er.

Mit sechzehn war Gertrud weg vom Alten und nach Aachen gegangen, in die Lehre. Als sie Kalterherberg verließ, stand in Berlin noch die Mauer, und sie sah aus, als hätte sie soeben erst ihre Zöpfe abgeschnitten. Wie borstige Pinsel standen die kinnlangen

Haare vom Gesicht ab. Sie machte ihre Lehre in einem Geschäft für Süßigkeiten gleich beim Dom. Der Laden war lang wie ein Handtuch, braun wie eine kostbare Holztruhe und dunkel wie ein Flur. Das Geschäft führten Pius Kindermann und Emma Dahlmann, und es dauerte keine Woche, da nannte sie die unverheiratete Emma beim Vornamen, und zu Pius Kindermann, der keine Kinder hatte, sagte sie »Onkel«, obwohl er nicht älter als Emma war, aber viel größer. Pius war 1,87 und machte kleine, feine, stolze Hühnerschritte mit durchgedrückten Knien, wenn er sein Geschäft für einen Einkauf anderswo verließ.

Am 16. August 1985 stieg Gertrud mit Plumeau im Gepäck in den Bus nach Kalterherberg und dort in den Zug nach Aachen. Unter dem Plumeau, das zu dick für den Sommer war, hatte sie nachts nackt und allein einen Traum zum Abschied gehabt. Am Morgen riss sie die letzte Seite aus einem Schulheft für Gesellschaftskunde heraus und schrieb den Traum auf. Ich stieg, schrieb sie, in eine s-Bahn, die in eine mir unbekannte Stadt fuhr. Auf dem Bahnsteig stand einer in Uniform, die dicken Schuhe in einer Pfütze, und er hob den Arm, der sehr lang war wegen der Kelle, die er in der Hand hielt. Sein Handgelenk war behaart, und er summte etwas bei der Abfertigung. Dann fuhr die s-Bahn los, aber sie fuhr bei allen Bahnhöfen durch, bis es keine Bahnhöfe mehr gab. Trotzdem stiegen alle anderen Fahrgäste aus, bis ich ganz allein war im Abteil und – ganz auf mich gestellt – in ein flaches, graues, konturloses Land hineinfuhr. Dann hielt die Bahn an einer mir völlig fremdem Station. Als ich ausstieg, fühlte sich das Wetter an wie Osten, sehr weit im Osten. Es herrschte eine Kälte, die nicht von da war, wo ich herkam. Ich sprach einen Mann an, der eine andere Uniform trug als der, der zu Hause so gemütlich in seiner Pfütze gestanden hatte. Der Mann jetzt antwortete auf Dänisch oder Russisch, es war nicht zu unterscheiden.

Gertrud vergaß das Blatt mitzunehmen. Der Alte fand es und bewahrte es im weiß lackierten Nachtschrank neben seinem Bett auf. Immer, wenn er die Schublade öffnete, roch es nach Holz und Hustensaft und ein wenig nach der Frau, die viele Jahre seine gewesen war, bevor sie starb. Nur einmal fuhr der Alte nach Aachen, um nachzuschauen, wie es um Gertrud stehe. Für die Reise hatte er sich im Mittagslicht beim Fenster die Haare aus Nase und Ohren entfernt und ein neues Hemd aus seiner Verpackung gerissen. Gertrud ging es gut. Sie war fröhlich. Der Alte war beruhigt nach Kalterherberg zurückgefahren und hatte gleich beim Heimkommen das neue Hemd wieder ausgezogen.

Pius Kindermann wohnte wie Emma Dahlmann im ersten Stock über dem Süßigkeitsgeschäft, aber jeder in seiner eigenen Wohnung. Die Zimmerpflanzen auf dem Blumenhocker zwischen ihren Etagentüren gossen sie abwechselnd. Emma hatte genaue Vorstellungen davon, wie man ohne Mann glücklich wird, und Gertrud lernte von ihr, dass man nicht nur von

Spinat, Milch und Bananen, sondern auch von Büchern, Musik und tröstlichen Wunschvorstellungen von der Welt leben kann. Gertrud, das Lehrmädchen, war im Zimmer hinter dem Geschäft untergebracht. Dort stand ein grünes Sofa, das breit genug zum Schlafen war, und zwischen den Brokatkissen saß eine aufgetakelte Puppe von der Kirmes, so eine Schießbudenfigur, die Kindermann einmal gewonnen hatte, als er das falsche Los zog. Sie war blond und hässlich, aber hergeben wollte er sie auch nicht.

Pius und Emma waren kein Paar, aber gehörten zusammen. Sie brachten Gertrud an einem Sonntagnachmittag auf dem grünen Sofa nebeneinander sitzend ein zweites Mal zur Welt, indem sich ihre schönen Gedanken vereinigten, und Emma Dahlmann dabei einen Moment lang wie Hannah Arendt und Pius Kindermann wie ein altes, untröstliches Kind aussah. Für den Akt hatten sie die Schießbudenfigur beiseite geräumt und Gertrud zwischen sich gesetzt. Pius Kindermann und Emma Dahlmann waren das Traumelternpaar für sie. Pius war der Mann, der leider nicht ihr Vater geworden war. Ihren richtigen Vater kannte Gertrud nicht, und der Alte, der eigentlich der Vater von Gertruds Mutter war, welche das Kind am ersten Schultag Tag mit Tüte im Arm auf dem Hof abgegeben hatte, war schon immer zu alt dafür gewesen, ihr ein richtiger Vater zu sein. Er sagte , was sie tun und lassen sollte, aber nicht, warum etwas richtig oder falsch oder die

Welt außerhalb des Dorfes bisweilen so aus den Angeln war.

Dass es einmal eine Gefahr für die höfliche Liebe zwischen Pius Kindermann und Emma Dahlmann gegeben haben musste, erfuhr Gertrud erst, als sie schon eine längere Zeit glücklich zu dritt gelebt hatten. Im Leben von Emma hatte es nie einen Mann gegeben außer Pius, aber der war ja keiner. Fast hätte er dafür bezahlen müssen, kein richtiger Mann zu sein. Pius hatte an einem Freitag im Herbst 1969 mit einem Schirm draußen auf der Straße im Regen gestanden, den Dom im Rücken und den Blick auf das Schaufenster des Süßigkeitsgeschäfts gerichtet. Er hatte Emma zugeschaut, wie sie auf Strümpfen und den Hintern Richtung Straße streckend zwischen Printen und teuren Schokoladen herumrutschte. Zweimal im Monat dekorierte sie um. Nicht, dass sie das gelernt hätte, aber sie hatte Talent. Sie war neunundzwanzig. Es war an so einem Dekorationsfreitag, dass sie sich beinahe in einen andern verliebte. Emma kniete im Schaufenster, Pius stand draußen mit Schirm davor und der Dritte saß auf einem Stromkasten beim Dom, also in Pius Rücken. Er war blond, sportlich und hatte so ein Lächeln, das Emma aus dem Kino kannte. Der, genau der, dachte sie, als sie sich in ihrem Schaufenster umgedreht hatte, um nach Pius zu schauen. Der Blick, der wie immer ihm gehören sollte, flackerte an Pius vorbei hinüber zu dem anderen. Sie stand auf und lehnte sich gegen die

Scheibe, beide Handflächen auf das Glas gepresst und so eingesperrt wie ausgestellt in ihrer plötzlichen Sehnsucht, der Regen da draußen möge ihr Hochzeitsregen sein und auf sie und den lächelnden Fremden fallen in jener dem Regen eigenen Farbe, die man nur in der Bewegung sehen kann. Pius Kindermann sah, wie sie nach dem langen Blick die Lider niederschlug und auf die Süßigkeiten hinab lächelte. Als sie wieder aufschaute, war ihr Gesicht eine kleine, entschiedene Faust, und Pius fürchtete, er werde tatsächlich schon bald auf eine Hochzeit gehen müssen, doch auf dem Fest als Trauzeuge nur in der zweiten Reihe erwünscht sein, wenn er nichts unternahm. Er sah sich bereits einen Schirm über die Braut Emma halten, genau den, mit dem er jetzt hier so verloren herumstand. Er sah Emma das Brautkleid seitlich raffen auf dem Weg zu einem geliehenen Auto, und wie sie sich unterhakte bei dem da drüben, der immer noch in Siegerpose auf dem Stromkasten saß. Pius würde etwas unternehmen müssen. Musste er? Reicht es nicht aus, sich vorzustellen, was man nicht wollte? Reichte es nicht aus, dass Emma und er in dieser Vorstellung von Hochzeit sich näher waren als Emma es je mit einem wirklichen Mann auf einer wirklichen Hochzeit sein würde? Schloss diese Vorstellung, geboren aus seiner Angst und Emmas Wunsch, den ahnungslosen Menschen da drüben nicht gänzlich und von vornherein aus? War das nicht die eigentliche Hochzeit, jetzt und hier, wenn seine Angst sich vereinigte mit ihrem

Wunsch? Und war es nicht ein Geheimrezept, sich das Schlimmste einfach vorzustellen, damit es nicht eintraf? Wenigstens nicht mit dieser, jeder Überraschung eigenen Wucht?

Pius hielt still und vertraute auf die Kraft der Vorstellung. Er unternahm nichts. Es half. Emma blieb.

Es war ihr drittes Jahr im Zimmer hinter dem Geschäft am Dom, als Gertrud aus der Zeitung eine Meldung ausschnitt. Seit Anfang Dezember galt eine aus Belgien stammende Frau nach einer Wanderung als vermisst. Sie hatte eine Tour gemacht, zusammen mit ihrem Hund. Der Hund kam wieder, die Frau nicht. Zwei Tage später wurde das Auto der Vermissten gefunden. Man leitete die Suchaktion ein. Man hoffte, dass der Hund zu der Frau finden würde. Fehlanzeige. Stattdessen wurden ein Rucksack und einzelne Kleidungsstücke entdeckt. Bauern fanden am Ende die tote Frau, völlig nackt, in der Nähe von Kalterherberg.

Die ist wohl erfroren, sagte Emma Dahlmann, als Gertrud ihr den Zeitungsausschnitt zeigte. Alleinsein schadet der Gesundheit, sagte Pius Kindermann und erinnerte Emma daran, ihre Medizin zu nehmen.

Wenige Monate später starb sie.

War ja klar, nickte Pius Kindermann, als er nach ihrer Beerdigung das Schild »Geschäftsaufgabe« im Schaufenster aushängte und auf Socken mit durchgedrückten Knien zwischen den Süßigkeiten herumstakste. War ja klar, dass sie früher sterben würde, war ja auch viel älter als ich.

Gertrud stand mit seinen Schuhen in der Hand dabei.

Ja, wie viel denn?

Vier Wochen, sagte Pius und riss einer Tafel Schokolade das Papier vom Leib.

Da, sagte er, belgische Schokolade.

An dem Tag, am dem nur noch der leere Verkaufstisch in dem langen, bis unter die Decke dunkel getäfelten Geschäftsraum stand und sie zurück nach Kalterherberg ging, öffnete Gertrud die Tür zu Pius' Wohnzimmer, ohne anzuklopfen, in der Annahme, er sei nicht da. Aber da saß er, im Hintergrund stand noch der Weihnachtsbaum. Der Bildausschnitt war so breit wie der Türspalt, in dem sie innehielt. Sie schaute und dachte: Das habe ich nicht gesehen! Aber die wenigen Herzschläge lang, die schneller und schneller wurden, hatte sie den wahren Kindermann gesehen, – oder das, was sie in Wahrheit immer von ihm gedacht hatte. Er saß auf seinem Sofa mit übereinandergeschlagenen Beinen und sehr aufrecht, in einer weißen Rüschenbluse, die bis zum Brustbein offen stand. Er war Emmas Bluse. Quer über der Brust spannte sich straff ein Lederriemen, von einer Handtasche, die er sich umgehängt hatte. Er hatte eine seiner alten Platten aufgelegt »Wenn ich mir was wünschen dürfte«, sang Marlene Dietrich. Nicht die geöffnete Bluse und auch nicht der Riemen über der Männerbrust, die durch den Einschnitt zweigeteilt und gewölbt aussah wie bei einer Frau, hatten ihr den Schreck eingejagt. Nicht seine Aufmachung war es, sondern sein Gesicht. Es war das Gesicht einer älteren Frau, die sich mit einer furchtbaren Erregung der Einsamkeit hingibt und dabei mit übereinandergeschlagenen Beinen Haltung wahrt, obwohl sie allein ist.

Kindermann brachte Gertrud eine Stunde später zum Bahnhof. Sie kehrte zurück zu dem Flecken nah bei Kalterherberg, aber mit einem Koffer mehr, als sie vor vier Jahren hergekommen war. In dem neuen Koffer, der ein alter von Emma war, transportierte sie auch mehrere Tafeln Schokolade.

Etwas Tröstliches braucht der Mensch, wenn sein Zimmer mehr als vier dunkle Ecken hat, hatte Kindermann gesagt, als er die Tafeln in das Seitenfach des Koffers schob.

Was für Ecken?

Aus denen sie dann kommen. Er hatte ein schwermütiges Profil, als er das sagte.

Wer kommt?

Die Toten.

Ach die, sagte Gertrud, aber das ist doch jetzt peinlich. Wenn uns einer hört.

Gertrud bekam in Kalterherberg einen Job als ungelernte Arbeiterin in der Schirmfabrik. Sie fuhr jeden Morgen um fünf mit dem Bus hin und schlief in ihrem alten Bett. Im weiß lackierten Nachtschränkchen, das der Alte von seinem in ihr Zimmer geschoben hatte, sammelte sie Zeitungsartikel über Menschen, die nicht glücklich waren. Als das Nachtschränkchen voll war, sammelte sie die Berichte weiter. Sie schnitt sie aus, strich sie glatt und arrangierte sie auf dem blanken Küchentisch, über den sie danach die Wachstuchdecke breitete. Die Jahre vergingen.

An ihrem 37. Geburtstag rief sie Markus an, weil er nicht angerufen hatte.

Damit du Gelegenheit hast, mir zu gratulieren, sagte sie frech in den Hörer, während ihr Herz klopfte. Sie hatte schon oft versucht, ihn anzurufen, vom alten Telefon im Flur aus, obwohl dieser Apparat Markus' Spott damals bis nach Aachen transportiert hatte. Die kleine Tante, die kleine Tante. Trotzdem hatte sie an manchen Abenden seine Nummer gewählt, aber niemals bis zum Ende. Weißt du noch, hatte sie regelmäßig zu fragen geübt, doch dabei mit dem Finger auf der vorletzten Ziffer innegehalten. Weißt du noch – war das die richtige Frage für einen, der täglich eine teure Krawatte trug?

Weißt du noch, dass man durch Belgien muss auf dem Weg zum Glück, Markus?, fragte sie an ihrem 37. Geburtstag, nachdem sie das erste Mal seine Nummer bis zum Ende gewählt hatte.

Na, soviel Spaß hatte wir damals nun auch wieder nicht, antwortete er, und hörst du das auch, da ist eine Rückkopplung in der Leitung.

Eine Gruppe geistig Behinderter stieg am Sonntag, dem 4. November 2007 aus dem Zug, in den Pius Kindermann einsteigen wollte. Der Zug kam aus Bad Münstereifel. Der Anführer der Gruppe hatte das zerknautschte Gesicht eines freundlichen Irren, in dem noch viele Irre mehr Platz haben. Er nahm eine Frau bei der Hand, die eben noch auf dem Bahnsteig umständlich einen roten Mantel über ihr rosa Twinset gezogen hatte. Als letzter stieg ein Mann Ende dreißig aus dem Regionalzug. Er summte etwas und hatte ein Lächeln auf dem Gesicht, das nicht Kindermann galt. Denn sie kannten sich nicht. Trotzdem standen sie plötzlich auf dem Bahnsteig einander Aug in Aug gegenüber, und der andere hatte aufgehört zu summen. Sie kamen nicht aneinander vorbei, obwohl genügend Platz war. Ging der eine nach rechts, ging der andere gleichzeitig nach links und beide versperrten beiden den Weg. So sahen die Irren, als sie sich umdrehten, zwei Fremde, die unfreiwillig voreinander herumtanzten, taktierten und auf der Stelle kämpften.

Wieder vergingen die Jahre.

Hansjörg Schertenleib

Die neunte Welle

Regnen, dachte ich, es wird regnen, wie schon so oft an Weihnachten, tagelang regnen.

Das Fiepen von Lenas Reisewecker im unteren Stock hatte mich geweckt; ich blieb liegen, ohne mich zu rühren. Sie sollten denken, ich schlafe. Ich hatte keine Lust auf das vorwurfsvolle Gesicht, das Lena schnitt, weil das irische Wetter wirklich so schlecht war, wie ich behauptet hatte. Ich lag auf dem Rücken, hörte dem Regen zu und dachte an den Schnee meiner Kindheit. Oft fielen die Flocken, groß wie Fetzen von Löschblättern, so dicht, als sei ein Vorhang zwischen den Wohnblocks aufgespannt worden, ein Vorhang, der sich immer schneller bewegte, je höher ich blickte, wenn ich am Fenster unseres Kinderzimmers stand. Ich dachte an das Gefühl der Ruhe und Sicherheit, das mich damals erfüllt hatte, aber ich erinnerte mich auch an die dunkle Ahnung, die der Schnee in mir auslöste, und die ich nicht hätte benennen können, eine Last, die sich auf meine Brust legte und mir den Atem nahm: Die Trauer auf dem Grund des Glücks. Ich wartete damals auf ein Zeichen, während ich in den Schnee hinausstarrte, einen Hinweis, der sich in den irr tanzenden und taumelnden Flocken zeigen würde, was natürlich nie geschah. Manchmal stand meine Mutter neben mir am Fenster, so nah wie selten, so nah, dass wir uns berührten, obwohl sie nicht den Arm um mich legte; ich konnte ihr Parfum riechen und den Haarlack, mit dem sie sich mehrmals am Tag die hochgesteckte Frisur besprühte. »Da draußen im Schnee lauert das Heimweh auf dich«, hatte Mutter eines Abends gesagt, so leise, als sage sie es zu sich selbst und nicht zu mir, »da kannst du dich warm anziehen wie du willst.« Als Junge war ich sicher gewesen, der geheimnisvolle Satz meiner Mutter, der mir Angst einjagte, sooft er mir in den Sinn kam, beziehe sich darauf, dass sie als 17jährige Frau aus Oberösterreich in die Schweiz gekommen war, um einem Metzgermeister in Zug den Haushalt zu führen, und dass sie Heimweh hatte, aber nicht darüber redete, um uns nicht damit zu belasten. Seit einiger Zeit war ich mir allerdings nicht mehr sicher, ob meine Mutter, die vor wenigen Jahren gestorben war, wirklich dieses Heimweh nach ihrer alten Heimat gemeint hatte. Und nicht etwas viel Grundlegenderes, Dunkleres. Etwas, das mit meiner Ahnung zu tun hatte. Vielleicht das Heimweh nach dem Menschen, der sie auch hätte werden können und dem Leben, das sie dann geführt hätte.

Ich hörte, wie Lena und ihr Sohn Laurenz sich unterhielten, ohne sich Mühe zu geben, leise zu sein. Die beiden lachten, Lena laut und falsch, das war mir schon in Mexiko unangenehm aufgefallen. Ich hatte Lena und ihren Mann Bernhard im Oktober in Palenque kennengelernt, wo wir die nebeneinanderliegenden Bungalows eines Hotels unweit der Tempelanlage bewohnten. Da wir uns die gedeckte Veranda teilten, kamen wir bald ins Gespräch: Sie lebten in Ulm, Lena arbeitete drei Tage die Woche in der Presseabteilung eines Zeitungsverlages, Bernhard war Geschichtslehrer an einem Gymnasium. Ein Kind hatten sie seltsamerweise nicht erwähnt. Am zweiten Abend, an dem wir nach dem Abendessen auf der Veranda mexikanisches Bier tranken, sagte Lena aus heiterem Himmel: »Weihnachten in Irland, davon hab ich schon als Kind geträumt!« »Ich doch auch«, fügte er sofort hinzu und legte ihr die Hand auf den linken Arm, an dem sie ein gutes Dutzend dünner Silberreifen trug, die jede ihrer Bewegungen verrieten. Noch am gleichen Abend hatte ich sie eingeladen, Weihnachten bei mir in Irland zu verbringen; ihre Beteuerung, mich ganz bestimmt zu besuchen, verstand ich, genau wie meine Einladung, als nichts anderes als eine Laune, geboren aus dem Augenblick. Es hatte mich jedenfalls nicht erstaunt, nichts mehr von den beiden zu hören, obschon sie versprochen hatten, ihren Besuch frühzeitig bei mir anzumelden.

Als es am 21. Dezember an meiner Tür klopfte, hätte ich jeden erwartet, sie bestimmt nicht. Lena hielt ein Kind an der Hand, fünf, sechs Jahre alt, das mich mit großen Augen ansah. Sie hatte sich die dichten schwarzen Haare schneiden lassen und sah härter aus als in Mexiko, älter. Und nun fielen mir auch ihre Ohren auf: klein, perfekt geformt und gerötet, als schwitze sie. Oder war sie aufgeregt?

»Wo ist Bernhard?« fragte ich.

»Das ist die Preisfrage. Hallo erstmal.«

Lena ließ den Jungen los und breitete beide Arme aus, blieb aber stehen, genau wie ich. Die Vorderseite ihres langen Wollkleides war mit Schlammspritzern übersät. Den roten Mietwagen hatte sie so dicht hinter meinem Auto eingeparkt, als wolle sie mich daran hindern, wegzufahren.

»Kommt er nach?«

»Das ist übrigens Laurenz«, sagte Lena, schloss kurz die Augen und ließ die Arme sinken, »mein Kind.«

Der Junge griff in die Hosentasche und streckte die Hand vor: das blaue Bonbon, das darin lag, war zerlaufen und voller Flusen. Ich nahm es und steckte es mir ohne nachzudenken in den Mund.

»Danke. Hallo Laurenz. Und Bernhard?«

»Bin ich ein Vogel im Käfig?«, sagte sie leichthin, bevor sie mit ihrem Jungen mein Haus betrat.

In jener Nacht in Palenque hatte ich lange darüber nachgedacht, wieso ich die beiden eingeladen hatte: Lena ließ einen glauben, ihr sei früher etwas Schlimmes zugestoßen, eine Tragödie, die noch nicht verarbeitet war. Ich hatte Mitleid mit ihr. Darum hatte ich sie und ihren langweiligen Mann zu mir nach Irland eingeladen. Dieses Mitleid war mir in den zwei Tagen, in denen sie nun mit ihrem Kind bei mir wohnte, gründlich vergangen.

Ich hörte Lena duschen, wie gestern rutschte ihr der Duschkopf aus der Halterung und knallte in die Wanne. Später föhnte sie sich fast eine Stunde lang die Haare trocken, ihr Sohn saß am Fuß der Treppe zu meinem Schlafzimmer und beschäftigte sich mit den Gummitieren, die sie mitgebracht hatten; die Stimme, mit der er auf sie einredete, klang erwachsener als sonst. Erst als Lena aus dem Gästezimmer kam und mit Laurenz in die Küche ging, stand ich auf, duschte lange, und stieg endlich in den unteren Stock hinunter.

»Zum Glück regnet es heute mal nicht.«

Lena hatte die große Espressokanne in der Hand und deutete in das Nieseln hinaus, ich stand noch unter der Tür.

Laurenz und ich spülten das Geschirr, Lena setzte sich mit dem Satz »ich will dir schließlich nicht die Bude vollstinken« auf die Veranda in den Schutz des Vordaches, das ich im Herbst angebaut hatte, und rauchte eine Zigarette nach der anderen.

Nach dem Abwasch holte Laurenz seinen Eisbärenrucksack im Gästezimmer, dessen schmutziges, zerzaustes Rückenfell vom Reißverschluss wie von einer Narbe zerteilt wurde.

»Hier drin hab ich die Spielsachen, die ich unterwegs brauche.«

»Ein Eisbär«, sagte ich, »toll. Dein Lieblingstier?«

»Eisbären sind die gefährlichsten Tiere der ganzen Welt«, sagte er mit ernster Stimme und zog ein Puzzle aus dem Rucksack, »und außerdem ist kein Tier schneller als er.«

»Nicht einmal der Gepard?«

»Der vielleicht schon. Aber der Eisbär ist sehr schnell. Wirklich. Hilfst du mir?«

Das Puzzle war schwieriger, als ich erwartet hatte. Laurenz trug ein Armband aus Brausetabletten, das er immer mal wieder verschämt ableckte. Er schwitzte, so sehr konzentrierte er sich darauf, vor mir die richtigen Teile zu finden. Irgendwann setzte sich Lena an den Küchentisch und sah uns zu. Sie trug einen Wollpulli, Jeans und schwarze Strumpfhosen, und konnte nicht aufhören, ihre Zehen mit den hellsilbern lackierten Nägeln zu bewegen, als friere sie. Am rechten Fußgelenk glitzerte ein Kettchen, an dem mehrere Herzchen baumelten. Laurenz und ich hockten am Boden, das Puzzle zeigte eine tropische Insel mit Palmen und einem Vulkan.

»Meine Füße sind das Schönste an mir, find ich. Was meinst du?«

Sie hatte die Hände im Nacken verschränkt. Ihre Füße waren tatsächlich schön. Schmal und lang, aber nicht zu groß, muskulös und sehnig.

»Na ja«, sagte ich vage.

»Sie macht Stunden an ihnen rum«, sagte Laurenz und drückte mir ein Puzzleteil in die Hand, »das passt dort hin. Du bist ja noch langsamer als Paps.«

»Warum hast du eigentlich keinen Weihnachtsbaum?« fragte Lena, stand auf und strich den Jeansstoff an den Beinen glatt.

»Für mich allein?«

»Möchtest du denn einen Baum, Laurenz?«, fragte sie.

»Au ja!«

Er sprang auf die Beine vor Aufregung und machte sich daran, die Teile, die wir noch nicht verlegt hatten, in die Schachtel zu werfen.

»Na dann lass uns losfahren«, sagte Lena, packte mich an der Hand und zog mich hoch.

Wir nahmen zwar Lenas Mietwagen, aber sie wollte, dass ich fuhr. Laurenz saß in einem Kindersitz hinter ihr; im Rückspiegel sah ich, wie er sich aufmerksam umschaute und immer wieder mit dem Finger auf etwas in der Landschaft zeigte, ohne uns darauf aufmerksam zu machen.

»Schläft die Frau oder ist sie tot?« fragte Lena plötzlich.

»Wer jetzt?«

»Na die auf dem Bild. In unserem Zimmer. Ist die bewusstlos?«

»Ich glaube, sie schläft. Gefällt dir das Bild nicht?«

»Doch. All der Schnee. Und dann die riesigen Flocken. Irgendwie beruhigend. Obwohl, sie erfriert bestimmt.«

»Das glaub ich nicht.«

»Garantiert. Sie erfriert.«

»Sie erwacht. Gleich nachdem der Maler seine Staffelei abgebaut hat.«

»Und wie die erfriert! Todsicher!«

Lena konnte nicht damit umgehen, wenn jemand nicht ihrer Meinung war, das hatte mir schon in Palenque nicht gefallen. Es machte ihr Angst. Bernhard war fast immer ihrer Meinung, wie sich in den wenigen Stunden zeigte, die wir gemeinsam auf der Veranda saßen, Bier tranken und uns unterhielten. Und trotzdem hatte Lena ihn mit Herablassung behandelt, fast Verachtung.

»Magst du Weihnachten?«

Ich schüttelte den Kopf, und sie lächelte. Ihr Junge sog laut Luft zwischen die Zähne und murmelte etwas, das ich nicht verstand.

»Als Kind hab ich Weihnachten geliebt«, sagte ich.

»Na siehste! Ich auch. Haben wir doch alle. Hast du überhaupt Schmuck?«

»Was denn für Schmuck?«

»Na für den Baum, Mensch! Müssen wir also auch kaufen. Wenn du mir zeigst, wo's sowas gibt in Donegal Town, kümmer ich mich drum. Während du den Baum holst.«

Sie sah auf ihre Armbanduhr, nickte, und griff mit beiden Händen in die Haare ihres Sohnes und brachte sie mit drei, vier raschen Bewegungen durcheinander.

»Und um vier treffen wir uns in der Bar von diesem Hotel am Platz, wie heißt es doch gleich?«

»Abbey Hotel.«

»Genau«, sagte Lena, »um vier! Zum Apéro. Hast du Whiskey im Haus?«

Ich schüttelte den Kopf. Den Grund, warum das so war, behielt ich für mich; es ging sie nichts an. Wie es mich ja offenbar auch nichts anging, wo Bernhard steckte. Laurenz streckte die Zunge heraus, ganz kurz nur, doch er sah, dass ich es bemerkt hatte und lächelte komplizenhaft.

Den Mann, der im Central Hotel neben ihr an der Bar saß, kannte ich vom Sehen. Er arbeitete als Handlanger auf dem Bau; seit ihn seine Frau vor einigen Jahren verlassen hatte, machte er sich an Touristinnen heran, die allein durch Donegal reisten. Meist saß er mit einem Geigenkoffer in der Central Bar, und nur die Fremden hatten keine Ahnung, dass er gar nicht Geige spielen konnte. Seine Augenbrauen wuchsen fast zusammen über dem Nasensattel. Er nickte mir zu, als er mich und Laurenz sah, senkte schuldbewusst den Blick und griff nach seinem Pint.

»Du wolltest im Abbey auf uns warten.«

Der Ton in meiner Stimme gefiel mir selber nicht. Ich machte eine wegwerfende Handbewegung und lachte, als mache das meinen Vorwurf zum Scherz.

»Bin ja nur ein Haus weiter gezogen. Gefällt mir besser hier. Bei Eamon.«

»Mir nicht«, sagte Laurenz, »ich will nach Hause.«

Der Junge blieb neben mir stehen, als brauche er meinen Schutz oder zumindest meinen Beistand. Seine Jacke war falsch geknöpft, fiel mir erst jetzt auf. Die Sommersprossen unter dem Haaransatz hatte ich auch nicht gesehen.

»Ich will nach Hause«, spottete Lena.

In ihren Augen lag ein seltsamer Glanz, fiebrig fast. Bestimmt war sie angetrunken.

»Nicht mal Prosecco gibt's«, sagte sie und machte eine Schnute, »hier in deinem Irland.«

Die Sonne, die im selben Augenblick durch die Fenster flutete, traf ihre Halsgrube. Flaum schimmerte, ihre Pupillen leuchteten, als seien sie aus grünem Glas.

»Wir haben den schönsten gekauft!«, sagte Laurenz, blieb aber bei mir stehen.

Als er begriffen hatte, dass ich den Weihnachtsbaum allein kaufen würde, wollte er mich begleiten. Der Baum, den er ausgesucht hatte, war nicht zu groß und hatte schön regelmäßig gewachsene Äste.

»Nichts anderes haben wir verdient, mein Schatz.«

Ihre Stimme war plötzlich weich, fast zärtlich. Sie schob das leere Weißweinfläschchen von sich, das zweite, und für einen Moment dachte ich, sie stehe auf.

»Ich will heim, Mamma!«

Lena beulte die Wange mit der Zunge aus, stieß Luft durch die Nase und blickte sich nach dem Barkeeper um.

»Der gönnt mir nix, keinen Spaß. Genau wie sein Vater. Jetzt haut schon ab! Ich nehm mir ein Taxi. Bis der Baum dekoriert ist, bin ich zurück. Hier.«

Sie nahm die Plastiktüte, die unter dem Tresen an einem Haken hing, und gab sie mir in die Hand. Ich hörte das Klirren von Glas. Lametta raschelte.

Bevor wir einstiegen, knöpfte ich Laurenz' Jacke auf und richtig wieder zu. Dabei machte er einen steifen Oberkörper und blickte angestrengt an mir vorbei.

»Willst du vorn sitzen?«

»Au ja!«

Die Spitze des Baumes störte mich beim Schalten, ich hatte die Hutablage ausklinken müssen, um ihn verstauen zu können.

»Wie alt bist du eigentlich?« fragte ich, während ich von der N15 bog.

»Und du?«

Er hauchte gegen die Scheibe und malte einen Kreis in die beschlagene Stelle, der nach wenigen Sekunden erlosch.

»Ich hab zuerst gefragt.«

»Sechs. Und du?«

»Neunundvierzig«, sagte ich sofort.

»Ist das alt?«

»Ziemlich.«

»Zwei hab ich schon verloren. Willste mal sehen?«

Er riss den Mund auf und legte den Kopf in den Nacken. Seine Zunge war blau von all den Bonbons, die er gefuttert hatte.

»Wo denn? Da fehlt doch gar keiner!«

»Sind doch schon die neuen da! Hast du noch alle Zähne?«

»Fast.«

Sollte ich ihn nach Bernhard fragen? Es wurde bereits dunkel; nur draußen über dem Meer stand ein Streifen hellen Lichts. Und aus einem Riss in der Wolkendecke fielen schmale Lichtspeere auf die Blue Stack Mountains, als wollten sie sie als Trophäe aufspießen.

Vor Bolgers halb zerfallenem Farmhaus, dessen Eingangstür wie immer weit offen stand, lagen wie gewöhnlich Bolgers Hunde, drei verwegen aussehende sheepdogs, die auf die Beine sprangen und uns kläffend und nach den Reifen schnappend nachjagten. Seit wie vielen Jahren nahm ich mir jetzt schon vor, dem verwahrlosten Bolger ein Weihnachtsgeschenk vorbeizubringen?

Ich hielt an und setzte den Wagen zurück. Die Hunde liefen neben uns her, jaulend und aufgeregt in die Luft springend, legten sich aber wie Schildwachen vor Bolgers Haustür hin, als ich den Motor ausschaltete.

»Hast du Angst vor Hunden?«, fragte ich und löste Laurenz' Gurt.

Er schüttelte den Kopf, stieß die Tür auf und kletterte hinaus. Ich nahm die Tüte mit dem Whiskey vom Rücksitz, dann betrat ich Bolgers Haus, Laurenz an der Hand.

»Bolger!«, rief ich und merkte, wie sich eine Hundeschnauze in meine Kniekehle drückte.

Direkt hinter der Eingangstür führte eine steile Holztreppe in den oberen Stock. Die Wände waren rußschwarz, auf dem Boden und den Stufen stapelten sich Kisten und vergilbte Zeitungen. Es stank nach Kohl, Hunden, ungewaschenen Füßen und ganz leicht nach Urin. Die Tür auf der linken Seite war geschlossen, die auf der rechten ausgehängt; die Küche dahinter sah aus wie das Lager eines Trödlers, verwüstet von Vandalen.

»Bolger!« rief ich noch einmal.

»Immer mit der Ruhe«, antwortete er leise.

Ich hielt den Kopf in die Küche und sah ihn: klein und beinmager lehnte er, die Hände hinten am Steiß aufgestützt, in der Haltung eines alten Mannes an der Spüle. Aber genau das war er ja auch: ein alter Mann. Wir hatten uns erst einmal unterhalten, vor seinem Haus, über Hunde, Katzen und Bären, über Tiere überhaupt, Jahre her. Damals war mir aufgefallen, dass er mich nicht in der Nähe der Eingangstür haben wollte.

»Ich hab ein Geschenk für dich«, sagte ich und zog die Flasche aus der Tüte, »hier. Fröhliche Weihnachten!«

»Ich trink doch gar nicht mehr. Schon seit Jahren nicht.«

Er nahm mir die Flasche ab und stellte sie auf den Kühlschrank. Wir wären auch vor Bolger zurückgewichen und hätten sein Haus verlassen, wenn er nicht beide Arme in die Höhe gehoben und auf und ab bewegt hätte, als wolle er eine Herde Schafe vertreiben. Sein Geruch war atemberaubend. Die Hunde drängten sich an ihn, die Schwänze eingezogen, ohne einen Ton von sich zu geben.

»Na wen haben wir denn hier?«

Bolger beugte sich zu Laurenz hinab und sah ihn lächelnd an. Da er englisch geredet hatte, blickte mich der Junge fragend an. Ich nickte besänftigend und legte ihm die Hand auf den Rücken.

»Das ist Laurenz«, sagte ich.

»Schon mal einen Seehund aus der Nähe gesehen?«

Der Alte schnalzte mit der Zunge, und die drei Hunde legten sich rund um ihn zu Boden, die Köpfe auf die Vorderpfoten gebettet.

»Er will wissen, ob du schon mal einen Seehund gesehen hast.«

»Im Zoo«, sagte Laurenz und nickte.

»Er meint draußen. In der Freiheit.«

Laurenz schüttelte den Kopf und strich dem Hund, der ihm an nächsten lag, über den Kopf.

»Dann wird's aber höchste Zeit«, sagte Bolger und bedeutete uns mit einem Handzeichen, ihm zu folgen.

Bolgers Motorboot lag am Steg in der geschützten Bucht von Mullinasole. Das Meer hatte die Farbe von

Teer. Der Wind, der wehte, war erstaunlich warm. Laurenz trug die Rettungsweste, die im Ruderkasten gelegen hatte; er saß neben mir und drückte sich eng an mich, obwohl er mir versichert hatte, nicht zu frieren und keine Angst zu haben. Die Hunde lagen in der Spitze des Bootes und sahen still und mit aufgerichteten Ohren übers Wasser hin.

»Sag ihm, er soll die Wellen zählen«, rief mir Bolger zu, »und sich auf die neunte konzentrieren. Dann wird ihm nicht schlecht. Die neunte Welle, sag's ihm! Hab ich von meinem Vater! Und der hat's von seinem!«

Der Wald, der bis dicht ans Wasser stand, wuchs weich in den nur leicht helleren Himmel. Die Äste, bezogen wie mit Samt, sahen aus, als würden sie gleich einen Ton abgeben, ein zartes Seufzen. Da fing es an zu schneien. Ganz leicht nur, ein Stieben aus einer anderen, nur vorgestellten Welt.

»Wo sind denn nun die Seehunde?«, fragte Laurenz leise und hob sein Gesicht mit aufgerissenem Mund in die Flocken.

»Wir sind gleich da«, sagte ich, »glaub mir.«

Ich legte den Kopf in den Nacken und machte die Augen zu. War meine Mutter schwermütig? Bestimmt nicht. Der Schnee, der seine kalte Decke über die Welt warf und jedes Geräusch abdämpfte, erinnerte sie genau wie mich nur daran, dass es nicht nur Helligkeit und Zuversicht, sondern eben auch den Fürsten der Finsternis gibt, irgendwo da draußen im dichten Gestöber.

Der Klang des Motors wurde heller, und ich öffnete die Augen. Wir bogen eben in eine Bucht, schmal und lang wie ein Fluss, der sich hinter einer Kurve verlor. Bolger machte den Außenborder aus und hob ihn aus dem Wasser. Nun glitten wir fast geräuschlos über das finstere Meer, stille Eindringlinge in eine Welt, die nicht die unsere ist. Da tauchten sie auf, einige erstaunlich nah, andere in sicherer Entfernung, ein Kopf nach dem anderen, schwarz und glatt, unser Boot war umzingelt.

»Da, Lorenz. Da sind sie.«

Der Junge saß aufrecht und schweigend neben mir und seufzte tief. Da hörte ich sie wieder. Die Stille hinter der Stille, wie damals, wenn ich am Fenster meines Kinderzimmers stand und zusah, wie die Erwachsenen ihren unbegreiflichen Dingen nachgingen, mein Vater etwa, der den Gehweg freischaufelte, obwohl der Schnee doch unablässig aus dem Himmel sank, Flocke für Flocke, die ganze Nacht lang.

Kathrin Schmidt

Zwielichte Zeiten

Immer, wenn die Schatten kurz waren und die Zeit lang wurde, legte sich Brigitte Bambosa in den Liegestuhl in der hintersten Ecke des Gartens. Das moderne Einfamilienhaus davor hätte dem, der vorbeiging, viele Fragen beantworten können, ließ also nicht viel offen. Aber wer hier spazieren ging, im neu erbauten Wohnpark, der hatte womöglich gar nicht viele Fragen. Darüber dachte Brigitte Bambosa manchmal nach. Selten nur setzte sie selbst einen Fuß vor die Tür. Ihr Mann tat das für sie. Er arbeitete jenseits des Speckgürtels in der Großstadt. Brigitte Bambosa lüpfte, auf dem Liegestuhl liegend, das Strohhütchen, das sie über die Augen gezogen hatte, und blinzelte in die Sonne. Die Zeit wurde ihr in den letzten Wochen immer länger, dabei war sie doch mit ihren siebenunddreißig Jahren gerade noch jung! Auf der Pflege des Gartens bestand ihr Mann, er brauchte den Ausgleich zum Bürositzen, und selbst die Bäumchen auf dem kleinen Rasenstück hinter dem Haus wuchsen ganz von allein. Seit sie mit dem Schlafzimmer auch den letzten Raum des neuen Hauses eingerichtet hatten, stellte sie sich morgens manchmal auf einen Stuhl und strich mit dem Finger über die obere Schrankkante. Zu selten fand sich ein bisschen Staub, den es wegzuwischen galt. Zu oft aber dachte Brigitte Bambosa an die Verlängerung der Zeit, die sich zwischen heute und morgen ausdehnte. Ein weich gekauter Kaugummi. Immer länger wurde der, wenn man versuchte, ihn irgendwie zusammenzuklauben. Das unterließ Brigitte Bambosa inzwischen, aber das, was sich zwischen den Tagen ausbreitete, konnte auch sie nur noch Langeweile nennen.

Sie stand auf, weil sie sich eine Flasche Wasser holen wollte. Als sie die Tür auf der Vorderseite des Hauses erreicht hatte, sah sie ein altes Paar, das die baumlose Neustraße entlang hastete. Hier und da aber stehen blieb. Sie öffnete die Haustür, trat ein und schloss sie hinter sich. Erstaunt fand sie sich hinter der Gardine des Flurfensters wieder und beobachtete die beiden Alten. Der Mann wies in ihre Richtung mit der rechten Hand, Brigitte Bambosa rührte sich nicht. Er konnte sie unmöglich entdeckt haben. Was mochte er jetzt zu der Frau sagen? Die jedenfalls schüttelte den Kopf und zog, geringschätzig, wie Brigitte Bambosa aus der Ferne fand, die Lippen herab. Die Uhr zeigte zehn nach zwölf.

Fünf Stunden später kam ihr Mann nach Hause. Brigitte Bambosa hatte einen Toscanasalat vorbereitet, einen frischen Weißwein entkorkt und Baguette getoastet. Sie aßen auf der Terrasse hinter dem Haus, sprachen dabei über die bevorstehende Kommunalwahl. Ihr Mann wählte zu gern links, wie sie wusste. Aber außer ihr durfte das niemand wissen. Sie selbst hatte um der Gewissenserleichterung willen in den letzten Jahren immer grün gewählt und sich gut gefühlt dabei, wenn auch das gute Gefühl immer spätestens zwei Wochen nach der Wahl nicht mehr auffindbar gewesen war. Die heimlichen Grünlinken nickten einander mit dem Weinglas in der Hand zu: Die Welt war erträglich, wie sie war. Später, als sie im Bett des neu eingerichteten Schlafzimmers nebeneinander lagen, rauchte sie noch eine Zigarette und beobachtete ihn, der längst eingeschlafen war.

Der Stuhlaufstieg am nächsten Morgen, nach dem Fortgang des Mannes, erbrachte wieder einmal zu wenig Staub auf der Schrankkante. Seufzend langte Brigitte Bambosa nach Platz drei der Bestsellerliste, mit dem sie sich ihre zweite Tasse Kaffee wenigstens ein bisschen verkürzen wollte. Ihr Blick fiel durch das Fenster nach draußen. Da stand schon wieder das alte Paar! Der Mann sah so aus, als suchte er mit den Augen Fenster um Fenster nach etwas Einprägsamem ab. Die Frau, verhärmt, verbuckelt, hatte etwas Mühe, den Kopf so weit zu heben, dass sie ihm folgen konnte. Die Uhr zeigte drei nach neun.

An den folgenden Tagen begann Brigitte Bambosa, nach den beiden Alten Ausschau zu halten. Durchschnittlich vier Mal täglich liefen sie am Haus vorbei.

Immer blieben sie vor Bambosas Neubau andächtig stehen, blickten vom Klingelschild zur Eingangstür und sahen einander dann an. Brigitte Bambosa meinte ein unterschwelliges Schulterzucken wahrzunehmen dabei. Dann gingen sie weiter. Es war, als hielten sie sich ziemlich genau an einen Zeitplan. Am Mittwoch zum Beispiel sah Brigitte Bambosa die beiden gegen zehn Uhr voll beladen mit Einkäufen die Straße hinaufgehen, die sie aber zuvor nicht hinuntergegangen waren. Am Donnerstag liefen sie die Straße zweimal hinunter, ohne sie zuvor wenigstens einmal hinaufgegangen zu sein. Brigitte Bambosa rätselte. Wahrscheinlich absolvierten sie an diesen beiden Tagen eine Ringtour. An den anderen kamen sie nämlich mit je einem kleinen Täschchen zuerst die Straße hinab, zwanzig Minuten später wieder hinauf. Immer hielten sie sich bei den Händen, was in Brigitte Bambosa eine tiefer gelegene Rührung evozierte. Drei Wochen lang wartete sie Tag für Tag auf die Alten. Die Schatten wurden schon wieder länger, dafür verkürzte sich jetzt nicht nur die Zeit zwischen Morgen und Abend, sondern auch die zwischen den Tagen eilte eher als dass sie bedächtig humpelte. Brigitte Bambosa vergaß die Langeweile beinahe.

In der vierten Woche endlich ließ sie am Montag, kurz vor dem erwarteten Vorbeimarsch der Alten, ihr Portemonnaie auf die Straße fallen und legte sich hinter der noch niedrigen Vorgartenhecke auf die Lauer. Das heißt, sie legte sich natürlich nicht hin, sondern beschäftigte sich, allen Interessen ihres Mannes zum Trotz, mit dem Jäten des nur spärlich nachwachsenden Unkrauts. Die beiden kamen, die Frau sah das Portemonnaie, der Mann bückte sich, es aufzuheben. Brigitte Bambosa hatte ihren Personalausweis gleich in das erste Börsenfach gelegt, die beiden Alten hatten also keine Mühe, die Besitzerin und deren Adresse ausfindig zu machen. Sie näherten sich der Vorgartentür, und als sie Brigitte Bambosa sahen, riefen sie laut nach ihr. Sie tat ganz verwundert, strich sich die erdbeschmutzten Hände an den Shorts ab und kam näher. Die Frau schwenkte lächelnd das Portemonnaie, und Brigitte Bambosa hielt in gespieltem Entsetzen die Hand vor den Mund, als sie es sah. *Nein, wann ist mir denn das passiert! Das ist ja furchtbar! Und gut, dass es von solch ehrlichen Leuten wie Ihnen gefunden wurde! Wollen Sie nicht für ein paar Minuten hereinkommen? Ich mache Ihnen einen schönen Kaffee auf den Schreck!* Nun, einen schönen Kaffee mochten die beiden Alten nicht, die im Übrigen ja auch gar keinen Schreck erlitten hatten, aber auf ein Tässchen Tee ließen sie sich ins Haus bitten. Die kleine Frau mit krummem Rückgrat schob ihren Mann vor sich her. Der hatte, wie Brigitte Bambosa jetzt sah, offenbar nur noch ein funktionierendes Auge. Der zweite Augapfel hockte gläsern in der Höhle. Sie hatte einige Mühe, ihn anzusehen. Wenn sie ihm direkt ins Gesicht schauen wollte, so wurde ihr Blick vom Glasauge angezogen, das aber keine Reaktion zeigte. Das irritierte sie. Die

Frau hatte einen herabhängenden Mundwinkel und auf der gleichen Gesichtshälfte auch ein hängendes Augenlid, das die Iris, wanderte sie zu weit nach links, zu einem Drittel bedeckte. Geschlagene, musste Brigitte Bambosa augenblicklich denken. Die beiden Alten ließen einander auch dann nicht los, als sie längst saßen. Als könnte er alle Hilflosigkeit damit umgehen, suchte seine die Hand seiner Frau. Ein eingespieltes Team.

Brigitte Bambosa redete ein bisschen viel. Sie merkte das, konnte sich aber kaum bezähmen, denn Pausen, in denen sogar die Luft stockte, konnte sie eigentlich nicht leiden. Redete beim Zubereiten des Tees über die Wasserhärte in der Gegend, beim Aufschneiden des gestern gebackenen Kirschkuchens über die Anfälligkeit so mancher alternden Galle diesem Steinobst gegenüber, wobei sie die alte Frau fragend ansah, und als sie ein Kännchen Milch auf den Tisch stellte, palaverte sie über die Euterkrankheit in der Herde eines nicht weit vom Wohnpark residierenden Viehwirtes. Als aber der Mann zu sprechen anfing, ging ihr ganz plötzlich die Luft aus. Sie merkte, dass sie darauf gewartet hatte.

Vorsichtig fragte er, ob er Süßstoff bekommen könne. Sie bejahte nicht, sondern drehte sich mit Schwung um, entnahm dem Schrank die Dose und stellte sie mit reinweiß blankem Lächeln vor ihn auf den Tisch. Die kleine Frau nahm drei Löffelchen braunen Zuckers in ihren Tee. Ihren Blick bezeichnete Brigitte Bambosa im Stillen als scheu, was ihr ein Gefühl der Überlegenheit gab.

Sie fragte die beiden Alten nach ihrem Namen. *Frischer*, sagte die Frau, *Max und Hildegard.* Sie betonte, wie sie sich freuten, Frau Bambosa kennen gelernt zu haben. Zu süßlichem Lächeln verzogene Münder. Nie hatte Brigitte Bambosa derart alte Leutchen um sich gehabt. Ihre Eltern waren schon lange tot, waren bei einem Verkehrsunfall vor zwanzig Jahren uns Leben gekommen, und die Eltern ihres Mannes waren gerade mal sechzig Jahre alt.

Sie seufzte hörbar.

Nun müssen wir aber weiter, die Pflicht ruft!, rief der Mann aus. Brigitte Bambosa schätzte die beiden auf weit über achtzig Jahre und wunderte sich, was da wohl rufen könnte. Ob sie ein Stückchen Kirschkuchen mitnehmen wollten? Und überhaupt: Sie kämen doch sicher öfter hier vorbei, da wäre es doch schön, wenn sie auch öfter mal hereinschauten! Die beiden lächelten verlegen, ehe sie eine Spur zu heftig nickten.

Zwei Tage später klingelten sie. Brigitte Bambosa hatte sie kommen sehen und stand gleich hinter der Tür, sie musste einige Zeit vergehen lassen. Kämmte also ihr Haar nochmals auf und besprühte sich mit dem Parfum, das ihr Mann ihr zu Weihnachten geschenkt hatte. Als sie den beiden die Tür öffnete, tat sie freudig überrascht. Die Alte hielt ihr einen Strauß blutroter Nelken vor die Nase.

Heute waren die beiden neugierig genug, sich das Haus ansehen zu wollen. Besonders interessiert schienen sie an den spärlichen Fotos, die Brigitte hier und da hingestellt hatte. Ihre Eltern, die drei Brüder mit ihren Familien. Ob sie auch ein Foto von ihrem Mann habe? Sie überlegte, suchte dann nach dem alten Fotoalbum. Als sie es gefunden hatte, warteten die beiden Alten beinahe unverhohlen neugierig darauf, es aufschlagen zu können. Kaum hatten sie die dritte Seite erreicht, *Tag der sozialistischen Namensgebung*, als auch schon der Mann triumphierend erst seine Frau, dann Brigitta Bambosa anschaute. *Der Name…*, stammelte er aufgeregt, *der Name ist doch so selten, dass wir sofort daran dachten, sie wiedergefunden zu haben!*

Brigitte Bambosa verstand zunächst nichts.

Eine Stunde später verstand sie schon mehr.

Ihre Schwiegereltern waren Mitglieder der Parteigruppe gewesen, der auch die beiden Alten angehört hatten. (Dass Hannelore und Gerhard Bambosa in der Partei gewesen waren, hatten sie niemals erzählt, und auch ihr Mann hatte es ihr verschwiegen.) Ärzte waren sie gewesen, in einer Poliklinik, wie die beiden Alten. Letztere hatten sich nachwendlich zur Ruhe gesetzt, während die Bambosas eine Gemeinschaftspraxis eröffnet hatten, die sie nun noch drei, vier Jahre zu führen gedachten. Brigitte hatte die Schwiegereltern kennen lernen dürfen, als ihr Mann sich ihrer sicher gewesen war. Die Bambosas waren stets auf Achtung gebietende Distanz aus gewesen, und die Schwiegertochter hatte die unsichtbare Linie, die um sie gezogen war, nie übertreten wollen. Die Frischers hingegen waren von transparenter Präsenz, erzählten aus den alten Zeiten nicht, als hielten sie an, aber doch so, als wollten sie sich ihrer wieder und wieder vergewissern. Die Erinnerungen schärfend, sie nicht hergebend. Das war neu für Brigitte Bambosa, und sie fragte sich, warum sie in die Vergangenheit ihrer Schwiegereltern niemals Einlass begehrt, ja nicht einmal vorsichtig angeklopft hatte. (Diesem Gedanken hing sie den ganzen restlichen Tag über an, zerfaserte ihn, setzte die Einzelstücke neu zusammen, ohne aber den alten Bambosas näher kommen zu können.)

Sie ließ sich schließlich zum Gegenbesuch einladen. Am nächsten Freitag machte sie sich auf. Die Frischers wohnten im ersten Haus der alten Siedlung, die an den Wohnpark grenzte. Brigitte Bambosa glaubte die Pressspan-Schrankwand, Eiche maron und hoffnungslos ächzend, mit durchhängenden Regalbrettern unter der Last der Bücher, zu kennen. Ein alter Teppich konkurrierte mit einer ebenso alten Liege um das bessere Grau, und zwei Sessel aus den Siebzigern komplettierten die Einrichtung. Einen davon boten sie ihr an. Der Mann setzte sich auf die Liege, die Frau huschte in die Küche, um Kaffee zu holen. Brigitte Bambosa fühlte sich, wenn sie von den Büchern absah, zurückversetzt in das Wohnzimmer ihrer Eltern. Obwohl es dort weitaus ordentlicher gewesen war als bei den Frischers. Zeitungsstapel um Zeitungsstapel konnte sie durch die Tür auf der Veranda liegen sehen, und auf dem Tisch parkten säuberlich Ausschnitte daraus, die nach Themen geordnet und beschwert waren von kleinen und größeren Steinen. Frischer zerriss einen Bogen Papier. Immer ein Stück davon packte er zwischen die Stapel, bis er sie vom Tisch geräumt hatte. Die Wachstuchdecke wischte er mit einem warmen Lappen ab und holte eine Kaffeetasse aus dem Schrank, für seine Frau und sich selbst Teegläser.

Als sie am Tisch saßen, tat die Unterhaltung einen Moment lang so, als könne sie sich nicht entscheiden, zu beginnen. Aber dann räusperte sich Frischer und sagte, sie seien *Vielläufer, Vieltuer* und *Vielbedenker*. In der Tat kamen die beiden an einem Tag öfter bei ihr vorbei als Brigitte Bambosa in der ganzen Woche das Haus verließ. Ihr fiel der Stuhl ein, auf den sie morgens stieg, um nach Staub zu fahnden. Die Schwiegereltern steuerten Geld bei, damit sie nicht arbeiten brauchte, sondern sich um die Häuslichkeit verdient machte, was niemand sonst bezahlte. Sie hatte das gut gefunden, auch wenn ihr Mann ihr zunächst nicht hatte abnehmen können, dass sie ihren Job als Lehrerin gerne aufgab. Und das heutzutage! Aber die Schwiegereltern hatten ihnen Aussicht auf ein beträchtliches Erbe gemacht, und das wog die Aussicht auf dreißig weitere Berufsjahre vor zu großen Klassen voller desorientierter und demotivierter Schüler allemal auf. *Vielbedenken?*, sagte sie, *viellaufen, vieltun?* Eigentlich galt diese Frage geistesabwesend der eigenen Befindlichkeit, was die Frischers natürlich nicht wissen konnten. Sie erzählten nun von *der Partei*, deren Mitglieder sie seit mehr als fünfzig Jahren waren. Versammlungen der Ortsgruppe. Aktionen. Wahlkampf. Dem Umweltschutz hätten sie sich verschrieben und eckten damit gelegentlich an. Es sei für sie eine Erleichterung, noch mittun zu dürfen, wo doch die Übergangszeit – und hier meinten sie die Monate zwischen Grenzöffnung und Vereinigung – sie über die Maßen gebeutelt hatte! Bei Frau Frischer Apoplex, ganz plötzlich, am 5. Januar 1990, unvergessliches Datum, und kurz darauf Frischers einseitige Erblindung infolge einer Netzhautablösung, er hätte sich das Auge wegen fortdauernder Entzündung gleich herausnehmen lassen und sich anfangs sogar gefreut, nicht so genau hinsehen zu müssen. Die Auslagen in den Geschäften hatten sich vom einem Tag auf den anderen geändert, als er mit seiner Frau zur Rehabilitationskur war, Gott sei Dank, so schnell hätten sie das gar nicht ermessen können damals. Beinahe dankbar schienen sie, aber wem?, dass das vermeintliche Unglück damals über sie hereingebrochen war. Sie hätten in Watte gepackt verharren dürfen, bis die neuen Zustände sich einpegelten. Den Pegelstand hätten sie dann einfach als gegeben angenommen und angefangen, dagegen zu opponieren. Das war ihnen neu. Bis dahin wären sie stets entlang *der Linie* geschippert, aber die war ja nun nicht mehr da. (Brigitte Bambosa fragte sich einen Herzschlag lang, ob diese

Linie mit jener zu tun hatte, die ihre Schwiegereltern Achtung gebietend um sich gezogen hatten, kam aber auf die Schnelle zu keinem Ergebnis.) Sie bräuchten ja nicht mehr viel und nutzten ihre gute Rente für Dritte-Welt-Projekte und dafür, dass das Dach über ihnen nicht einstürzte. Der Partei hielten sie die Treue, obwohl es nicht leicht für sie sei, zuzugeben, dass sich diese Treue religiös gebärdete. Aber was soll man mit den Alten und ihrer Religion anfangen? Für den Rest ihres Lebens wollten sie die nicht mehr ändern…

Brigitte Bambosa aß vom Kalten Hund. Ihre Mutter hatte ihr den zu ihren Kindergeburtstagen auch gemacht. Ihr wurde schlecht: Das war das reine Kokosfett. Trotzdem fiel ihr nichts anderes ein, als die Übelkeit niederzufressen. *Und die Schwiegereltern?*

Frischers Frage stand als Hologramm in der Luft: Von Brigitte Bambosas Seite aus ähnelte sie einer Dampframme, deren Knopf sie lieber nicht betätigen wollte, weil sie sich davor fürchtete, was sie zum Einsturz bringen würde. Die Frischers aber sahen die Frage als kleines blütenweißes Leinensäckchen im Winde des Wiederfindens flattern. Begierig, von den *alten Genossen* zu hören, wollten sie es füllen mit den Fundstücken aus Brigitte Bambosas Mund. Die druckste. Die Kekskrümel des Kalten Hundes ließen eine Warteminute zu, die sie mit einer wedelnden Handbewegung in Mundhöhe unterstrich. Aber schließlich waren sie geschluckt, die Bedenkzeit ging vorüber, und wie leer geblasen schien ihr Kopf. Keine

Antwort. Frau Frischer sprang mit einer alten Geschichte ein: Als die Unruhen auf dem Platz des Himmlischen Friedens in Pekings 89er Juni stattfanden, hatten sie mit den alten Bambosas zusammen gesessen und sich die westlichen Fernsehbilder angeschaut. Während die Frischers *sahen*, wie die chinesische Armee Studenten angriff, was sie nicht fassen konnten und sich verzweifelt anschauten, hatten Bambosas diese Szenen völlig anders wahrgenommen als sie. In ihrer Version nämlich waren die Studenten diejenigen, die die Armee angriffen, auch das hatten sie tatsächlich *gesehen,* Frau Bambosa habe noch laut und deutlich gesagt, was denn die Armisten anderes tun sollten als sich gegen diese Konterrevolutionäre zur Wehr zu setzen, und da hätten sie, Frischers, plötzlich gewusst, dass Denkweisen auf die Art der Wahrnehmung durchschlugen. Sie waren wortlos auseinander gegangen an diesem Tag, die Frischers anders verzweifelt als die Bambosas, und sicher seien *die treuen Seelen noch immer so rot wie damals, was?* Brigitte Bambosa merkte, wie **sie** knallrot wurde. Sie stand nun schnell auf und verabschiedete sich eilig, sie hätte den dringenden Zahnarzttermin ja beinahe vergessen bei dem interessanten Gespräch! Die Frischers schauten überrascht drein, blieben zurück und sahen ihr nach, wie sie im Laufschritt die Straße überquerte und hinter der übernächsten Grundstücksecke verschwand.

Sie blieb stehen.

Atmete.

Wenn sie die Treue der Frischers zur alten, neu gewandeten *Partei* auch nicht einfach gutheißen mochte, so fand sie sie doch stimmig. Vermutlich hielten sie an dem fest, was diese Partei vorgab erreichen zu wollen, und sie war ihnen darüber hinaus jene Nische, in der ihnen das, was auch sie angerichtet hatten, wenigstens zu einem Teil dauernd vor Augen blieb, auf dass sie es nicht vergaßen. Fast war es ihr, als betrachteten die beiden ihre schweren, wendezeitlichen Erkrankungen als Preis, den sie zu zahlen hatten für das Beharren auf ihren Irrtümern und für das Unterlassen jeglicher Fragerei. Mit dem alten Staat hatten sie abgeschlossen. Dennoch verharrte er irgendwie tief in ihnen. Möbel waren ihnen nichts weiter als Gegenstände zur Einrichtung und stammten, wie Tassen und Teller, eben aus vergangenen Zeiten. Brigitte Bambosa musste daran denken, dass ihre Schwiegereltern alle zwei oder drei Jahre das Porzellan wechselten, das zur Schau in den Messingvitrinen stand, die sie nach dem Bezug ihres Hauses neu angeschafft hatten. Lustig hatte sie das gefunden, hin und wieder auch eines der Kaffee- und Speiseservices übernommen, bis das nächste anstand und sie das »alte« einer Sammlung der Obdachloseninitiative überantwortete oder anderweitig verschenkte. War es besser, selbst dem Kaffeetisch jeden Anschein von Kontinuität zu nehmen? Waren die Frischers ewig Gestrige, denen die Schwiegereltern meilenweit voraus waren, was Anpassung an heutige Verhältnisse betraf? Brigitte Bambosa schwindelte. Immer, wenn sich eine Antwort zu nähern schien, waren ihre Gedanken nicht fähig, sie zu fassen und ans Licht zu ziehen. Ihre Beine wurden unruhig, als drängte es sie, auf den Stuhl zu steigen. Schließlich stöckelte sie die Straße hinunter. Zeit konnte Licht und Zwielicht sein, wie ihr schlagartig klar wurde, als sie in der beginnenden Dämmerung das Auto der Schwiegereltern vor ihrem Haus halten sah.

Von Frischers erzählte sie später, als sie beim Abendbrot saßen, nichts.

Jenny Erpenbeck

Aus der Haut fahren

Ein falscher Pass ist eine Brücke aus Papier. Schluss aus, Kinder, eure Mutter ist tot. Die Brücken hinter sich abbrechen. Ganz leicht bei einer Brücke aus Papier. Wenn's regnet, ist die schon aufgeweicht und futsch. Schluss aus, Kinder, eure Mutter ist tot. Ihr könnt mir dreimal sagen, dass das nicht wahr ist. Wenn ich es euch sage. Es muss nur ein Windhauch kommen, und schon ist die Brücke fort, als wäre sie nie gewesen. Pustet mal, Kinder, hinterher ist die Blume kahl. Ihr müsst mir glauben. Ich muss mal. Wo hat Mama den Topf hingestellt. Ach so, hier. Warum heulst du nicht? Warum ich nicht heule? Ich weiß es: weil Mama nicht tot sein kann. Beim Totsein gibt es nichts zu können. Leider. Also ich kann nicht tot sein. Ich auch nicht. Ich auch nicht. Ich auch nicht. Kinder, hört doch mal auf und holt eure Koffer. Mama hat uns schon die Koffer gepackt, weil sie wusste, dass sie von heute an tot sein will. Ruhe, verdammt noch mal. Also. Wir gehen jetzt zusammen zum Bahnhof, ihr Zwillinge fahrt nach Nürnberg. Du nach Bremen, und dich bring ich hinterher zu Tante Käthe. Ich will nicht nach Nürnberg, ich auch nicht. Ich will nicht zu Tante Käthe. Ich will nicht nach Bremen. Kinder, jetzt seid doch einmal still. Wo hat Mama die Mäntel hingelegt. Papa heult nicht, Papa heult nicht. Es gibt Sachen, die sind so schlimm, dass man nicht einmal heulen kann, glaubt mir das, Kinder. Die sind so schlimm, dass man manchmal sogar lachen muss. Ein falscher Pass ist eine Brücke aus Papier. Ich lache mich tot! Hör auf mit dem Quatsch. Mama hat sich totgelacht, Mama hat sich totgelacht! Eure Mama hat sich nicht totgelacht, sie ist einfach gestorben. Das ist nicht wahr. Die Wahrheit ist eine Brücke aus Papier. Zu schwer für ein Kind von dreizehn Kilogramm? Und fünfundzwanzig? Und eine Million? Kinder, ich will jetzt nicht mehr reden, eure Mama ist tot, und damit basta.

Der arische Vater stopft seinen halbjüdischen Kindern die Arme in die Ärmel, putzt Nasen, setzt Mützen auf, knöpft Mäntel zu, zählt die Koffer, zählt die Kinder. Eins, zwei, drei, vier. Vier Kinder, fünf Koffer, der fünfte mit den Sachen der Mutter, die er in der Wohnung schnell zusammengesucht hat. Bindet Schnürsenkel, hält die Stiefel fest, sucht Handschuhe. Die Zwillinge nach Nürnberg, die Kleine nach Bremen, die Große zu Tante Käthe. Eins, zwei, drei, vier. Koffer fünf. Ist Mama in Nürnberg? Ist Mama in Bremen? Bei Tante Käthe? Der arische Vater schiebt seine halbjüdischen Kinder zur Tür hinaus, er selbst nimmt den großen Koffer und schlägt die Tür hinter sich zu.

In immer kleinere Stücke wird alles geteilt, denkt er, während er zwischen den springenden und schubsenden und schiebenden und stolpernden Mädchen die Treppe hinabsteigt. Nach dem Vorfall mit den Pferdeäppeln hatte er seine Frau mit den Kindern in dieser Berliner Wohnung einquartiert, während er in der heimatlichen Provinz zurückblieb. Die Zwillinge hatten zu Haus einer Schulkameradin, die sie wegen der jüdischen Mutter hänselte, Pferdeäppel in den Briefkasten geworfen. Die ganze drauffolgende Nacht lang hatte die Kleine aus Angst vor der Rache der Schulkameradin geweint. Am nächsten Morgen beschlossen seine Frau und er, dass sie mit den Kindern die Kleinstadt verlassen sollte. Wenn man in Betracht zog, dass im Laufe der letzten zwei Jahre seine Schwiegereltern nach Litzmannstadt, der Schwager nach Buchenwald, die Schwägerin mit ihrer Tochter nach Warschau abtransportiert worden waren, war dies die vierte Teilung der Familie gewesen. Inzwischen waren sie schon bei der Teilung durch acht angelangt. Seine Frau mit dem falschen Pass in Schweden, die vier Kinder bald in drei verschiedenen Städten, und er würde wieder zurückfahren in die Provinz, um die stillgelegte Fabrik zu hüten. Es war, als würde bei zu großer Hitze so eine Familie sich verflüssigen, die Teilchen, aus denen sie bestand, gerieten in immer größere Bewegung und trieben auseinander. Der ganze menschliche Verstand reichte unter solchen Umständen nur dazu aus, die Mechanismen der Natur nachzuahmen.

Das Haus, in das er zurückkehrt, kommt ihm erst heute wirklich leer vor, obgleich die Mädchen und seine Frau schon vor einem halben Jahr nach Berlin umgezogen sind. Die ersten, die hatten gehen müssen, waren die Schwiegereltern gewesen, die früher die untere Etage bewohnten. Auch unten, aber in einer separaten Wohnung, hatte der Bruder seiner Frau gelebt, bis er geholt wurde. Im letzten Frühling dann war die Schwester seiner Frau, die für kurze Zeit bei ihnen Zuflucht gesucht hatte, mit ihrer kleinen Tochter zusammen abtransportiert worden. Eine Zeitlang hatte es noch Briefe gegeben, und dann letzte Briefe. Schließlich waren nur noch die Kinder und seine Frau bei ihm gewesen. Seine Mädchen, denen er verbieten konnte, im Herrenzimmer quer über das blankgeschliffene Parkett zu laufen, die Glastüren ins Schloss zu werfen, in den Betten zu plaudern, wenn Schlafenszeit war. Das Parkett glänzte und war noch da, die Glastüren waren unzerbrochen, die vier Betten standen frisch bezogen im Schlafzimmer der Kinder. Der Spiegel, vor dem er sich immer rasiert hatte, während seine Frau die Große für die Schule fertig machte, spiegelte noch immer sein Gesicht. Und spiegelte nun auch die vollkommene Stille in seinem deutschen Rücken.

Umgebracht habe sie sich, sollte er sagen, und hat es auch gesagt. Ins Wasser sei sie gegangen, sollte er sagen, und hat es auch gesagt. In welches? Er kenne sich in Berlin nicht aus. Ihre vier Kinder im Stich gelassen? Er schweigt. Die Johannisbeeren sind reif. Das war der Satz, den er mit seinem Freund vereinbart hatte für den glücklichen Ausgang der Flucht. Als er erfuhr, dass die Johannisbeeren reif sind, wusste er, dass seine Frau nun tausend deutsche Jahre in Schweden überleben musste, wenn er sie überhaupt jemals wiedersah. In der letzten Zeit hat er sich an diese Verschiebungen gewöhnt, dass man einen Satz sagen muss anstelle eines anderen, dass man statt der einen Antwort eine andere geben muss, dass man statt Frau und Kindern Erinnerungen an Frau und Kinder hat. Dass alles immer flacher wird und sich dadurch leichter verschiebt. Und jetzt also soll er dem Satz, dass sie tot sei, einen Körper geben. Und da geht er, ein deutscher Tuchfabrikant aus der Provinz, ins Institut für gerichtliche Medizin der Charité, in die Hannoversche Straße 6 in Berlin, um seine Frau ins schwedische Leben zu rufen, indem er ihr hierzulande einen toten Körper zuweist.

Er begrüßt den Herrn, der ihn in die Säle führen will, nur ungern mit Handschlag. Die Hand dieses Herrn ist vollkommen sauber. Dann betreten sie den ersten Aufbahrungssaal. In Schweden sind die Johannisbeeren schon reif, aber hier unten gibt es nur elektrisches Licht und kein einziges Fenster. Der deutsche Tuchfabrikant muss daran denken, wie viel Mühe er darauf verwandt hat, einen Wollstoff zu finden, der leicht ist und einen lebendigen Körper dennoch gut warm hält, hier liegen die Toten nackt da, nur von einem Laken bedeckt, und sind selbst so kalt, dass sie gar nicht mehr wissen, was Kälte ist. Die Frauen liegen nackt da, und wissen nichts mehr davon, dass er ein Mann ist. Ist das Ihre Frau? Nein. Das? Nein. Nein. Was sieht er? Er sieht Köpfe, Brüste, Bäuche, Schamhaare und viel Haut, die gar nicht mehr aussieht wie Haut, sein Sehen flieht über die Körper hin, er sieht einen Zeh, an dem ein Zettel hängt, kennt er diesen Zeh? Diesen Zeh mit dem abgebrochenen Nagel? Hat nicht seine Cousine sich den Zehnagel abgebrochen, als sie beim Federballspielen an einen Stein gestoßen ist? Kennt er nicht diesen Arm, an dem eine Hand hängt, die gar nicht mehr aussieht wie eine Hand? Einen solchen Arm hatte seine Schulfreundin, die Leberflecken immer im Zickzack, daran kann er sich noch gut erinnern, mit dem Bleistift haben sie zum Spaß die Linien verbunden. Verwaschene Gesichter, das Sehen verfängt sich in Haaren, und die Haare, ja, die Haare trug die Verkäuferin im Bäckerladen sonst immer im Knoten gebunden, jetzt hängen sie so herunter, doch davon weiß sie nichts mehr. Ein schiefer Zahn, ein angewachsenes Ohrläppchen, ein Bauchnabel, der schon immer so aussah wie der Münzschlitz an einem Telefon, ein rundes Knie mit einer Narbe, ein wunder Knöchel, alles kommt ihm so vertraut vor. Sind denn jetzt alle tot? Der deutsche Tuchfabrikant geht leise von Frau zu Frau, und es wundert ihn selbst, dass seine Frau als einzige nicht dabei sein soll. Darf sich jetzt jeder in Deutschland einen Toten aussuchen für einen, der fortgegangen ist? Bleiben die toten Abbilder da, während die Lebendigen alle fliehen? Seine lebendige Frau jedenfalls, so hat sein Freund es ihm am Telefon zu verstehen gegeben, sei in Schweden, denn dort seien, so hat er, wie vereinbart, gesagt, dort seien die Johannisbeeren schon reif.

Und dann sieht er sie: Ein wenig kleiner als seine Frau, die Brüste flacher und die Zehen nicht ganz so lang, aber dennoch. Das ist sie, sagt er zu dem Herrn, der ihn führt, und der fragt, was er fragen muß: Sind Sie ganz sicher? Und er antwortet, was er antworten muss: Ja. Mit diesen Worten, die wahr sein könnten, nimmt er die unbekannte Tote zur Frau, hebt sie, die papierne Haut der Ausweise, Anträge und Scheine glücklich abgestreift und mit dem ganzen Gewicht ihres Körpers hinabgesunken ist, um auf dem Grund anzukommen, noch einmal nach oben, um sie ein letztes Mal zu bekleiden. Möchten Sie Abschied nehmen, fragt der Herr, der ihn geführt hat, mit sauberer Stimme. Der Witwer schüttelt den Kopf. Bevor er das kühle Gebäude verlässt, muss er unterschreiben.

Draußen, auf der Hannoverschen Straße in Berlin, tragen die Frauen und Mädchen Sommerkleider und bunte, Schatten spendende Hüte. Sie haben Köpfe, Schultern, runde oder spitze Knie, und Haut, die aussieht wie Haut. Der Mann geht zu Fuß zum Bahnhof Friedrichstraße und steigt dort in einen mit Soldaten überfüllten Zug, der ihn zurück in die Kleinstadt bringen soll, in der er zu Hause ist. Als die Männer eine junge Frau johlend durchs Fenster hereinheben, während der Zug sich schon in Bewegung setzt, muss er an die Stille im gerichtsmedizinischen Institut der Charité denken, inmitten des Gedränges an die Leere denken, die ihn sonst, sei es in der stillgelegten Fabrik oder in seinem Haus, immer umgibt. Er, der als jüdisch versippter Ehemann und jetzt Witwer nicht einmal Soldat werden darf, fragt sich an diesem Tag, ob Deutschland den Krieg vielleicht nur begonnen hat, um Ausgestoßenen wie ihm soviel Raum zur Strafe geben zu können. Vielleicht ist das die eigentliche Kriegsproduktion, die Erzeugung von Gedränge auf der einen Seite, damit andererseits schwarze Löcher entstehen, in die man alles mögliche hineinstoßen kann, vielleicht verwirklicht erst die allgemeine Produktion von Musik, Geschrei und Bombenalarm das den Unbotmäßigen auferlegte Verstummen.

In der Provinz angekommen, bestellt er beim Blumenhändler auf der Hauptstraße einen Kranz mit Lilien und Schleife, bei einem Beerdigungsinstitut einen Sarg mit, wie es heißt, pietätvoller Innenausstattung, samt Decken, Kissen, Strümpfen und Schuhen für die Leiche, er diktiert eine Todesanzeige bei der Zeitung und telefoniert wegen der Überführung. Erst in der Nacht, als er in dem für ihn allein viel zu großen Doppelbett liegt, fallen ihm plötzlich wieder die Male ein, die die ertrunkene Frau auf Stirn, Händen und Knien hatte, und die, wie der Herr ihm erklärte, davon herrühren, dass Ertrinkende, wenn sie vom Wasser schwer geworden sind, kniend auf den Grund der Flüsse oder Seen sinken und, während sie von der Strömung hin und her geschaukelt werden, die Erde mit Stirn und Händen berühren, als würden sie beten.

Am nächsten Tag wird die Frau, die er sich im großstädtischen Schauhaus ausgesucht hat, in einem Auto des Beerdigungsinstituts in seine Stadt transportiert, macht die Tote durch die Sommerluft ihren letzten Weg von Berlin in die Provinz, wird ihr Körper wohl bei jeder geteerten Verbindungsnaht zwischen den betonierten Platten der Schnellstraße erschüttert. Früher, als er noch hin und wieder zur Jagd ging, hatte er für seine Kinder einmal ein angeschossenes Rehkitz aus dem Wald mitgebracht. Auf der Heimfahrt, als das Rehkitz hinten in seinem Wagen vor Angst schiss, hatte er immer nur einen Gedanken gedacht, immer denselben schwachsinnigen Gedanken im Rhythmus der Erschütterungen beim Fahren, immer nur: Ich bring dich nach Haus, ich bring dich nach Haus, ich bring dich nach Haus. Heute hat sich mit der Erinnerung an die fremde

Tote, die jetzt schon unterwegs zu ihm ist, wieder dieser Satz in seinem Kopf festgehakt: Ich bring dich nach Haus. Wieder und wieder muss er ihn denken, so wie damals, und dabei weiß er, damals wie heute, dass es ein durch und durch schwachsinniger Satz ist, denn ein Rehkitz ist nicht daheim in der Kleinstadt, und eine Selbstmörderin aus Berlin ist keine Braut. Das Rehkitz hatten sie, bis es ausgewachsen war, in einem Freigehege im Garten gehalten und dann zurück in den Wald gebracht. Was die Fremde angeht, die dem Totenschein für seine Frau ihren Körper leiht, so ist für morgen die Beerdigung angesetzt.

An diesem sonnigen Tag, an dem er, mit einem Kranz in der Hand, als Einziger dem Sarg folgt, der ihm von zwei Trägern vorangetragen wird, kommt er sich in seinem Leben so fremd vor, wie die Frau, die im Sarg liegt, sich fremd in ihrem Tod vorkommen muss, wenn einem vom Jenseits her überhaupt noch irgendetwas auf Erden irgendwie vorkommt. Seit die Fabrik, die er von seinem Vater übernahm, stillgelegt und seine Familie überallhin verstreut ist, schien es ihm manchmal so, als lebe er über sein Leben hinaus. Und die Frau, hinter deren Sarg er hergeht, hätte sicher auch nicht gedacht, dass die Geschichte, die nach ihrem Tod kommt, noch so lang ist. Kleider machen Leute, hat sein Vater, der, so wie er, auch Tuchfabrikant war, immer gesagt, und tatsächlich ist seine Frau aus ihrer papiernen Haut gefahren, bis hin nach Schweden, und hat ihre Ausweise, Anträge und Scheine der anderen als Leichenkleid überlassen, die dafür jetzt seine Frau heißt. Das Bekleiden war wohl einmal sein Beruf. Während er dem Sarg folgt, geht er, wie er zu gehen gewohnt ist, die Träger aber schreiten gemessen, als sei es an ihnen, den Mann in ihrem Rücken daran zu erinnern, dass Trauer, wenn sie von Herzen kommt, keine Eile hat, eingesperrt ist der Mann unter freiem Himmel in diese Trauer, die nicht ihm gehört, am liebsten würde er den hinteren Träger ein wenig schieben, aber das schickt sich nicht, ihm in die Hacken treten, oder ihn sogar vorwärts stoßen – der Weg quer über einen Friedhof bis hinten zur Mauer, wo die Selbstmörder liegen, ist lang, aber vielleicht ist es gut, dass er so lang ist, denn erst nachdem der deutsche Tuchfabrikant lange auf diesen Rücken gestarrt hat, an dem er nicht vorbei kann und der ihm gilt, begreift er plötzlich, dass die sonst so unfruchtbaren Papiere hier eine Wirklichkeit zur Welt gebracht haben: Wirklich erweist er als irgendein Mann irgendeiner Frau, die sich umgebracht hat, die letzte Ehre, wirklich treffen sich auf diesem sommerlichen Friedhof ein Gehender und eine, die liegt, ein Lebender und eine Tote, die eigentlich nur auf dem Papier miteinander verheiratet sind. Und plötzlich beginnt er, als hätte etwas in ihm schon lange darauf gewartet, zu schluchzen. Als irgendeiner, der um irgendeine trauert, die sich aus irgendwelchen Gründen in einem Berliner Gewässer umgebracht hat, beginnt er, unter irgendeinem deutschen Sommerhimmel zu schluchzen.

Die nächsten zwei Jahre verbringt er als Deutscher unter Deutschen. Er schickt den Zwillingen und der Kleinen Briefe und Päckchen nach Nürnberg und Bremen, und die Große besucht er hin und wieder in Berlin. Gelegentlich erhält er Nachricht von seinem Freund aus Schweden, der etwa schreibt: Es regne da viel, mehr, als manchem lieb sei. Oder: Neulich habe er eine zugelaufene Katze an einen Nachbarn vermittelt, der auch andere Katzen beherbergt. So weiß er zumindest, dass seine Frau noch lebt. Mit den Kindern spricht er nie über sie. In der Stadt fragt ohnehin niemand nach. Und seit der Beerdigung haben auch die nächtlichen Anrufe mit Flüsterstimme aufgehört, die ihn wohl zum Verrat bringen sollten: Deine Frau lebt, deine Frau ist am Leben, sie lebt. Das Sprechen erscheint ihm jetzt insgesamt oft als ganz und gar sinnlos. Von Zeit zu Zeit geht er auf den jüdischen Friedhof, der inzwischen für Beerdigungen geschlossen ist, um das Grab seiner fremden Frau zu besuchen. Und weil die Ertrunkene vielleicht gar keine Jüdin war, und weil auch kein jüdischer Friedhofsbesucher mehr da ist, der Einwände erheben könnte, aber auch, weil der hinterbliebene, ehemalige Tuchfabrikant sonst nicht viel zu tun hat, hält er es mit dem Grab so, wie seine christliche Mutter es mit dem Grab seines christlichen Vaters gehalten hat. Er pflanzt Stiefmütterchen oder Knollenbegonien, gießt, zupft Unkraut und harkt den Weg rings um den Hügel, später, zu Winterbeginn, nimmt er die

Knollenbegonien wieder heraus und deckt das Grab mit Tannengrün zu. Sieht man von den Toten ab, ist auch auf diesem Friedhof der Mann, wie in seiner stillgelegten Fabrik oder in seinem Haus, der einzige Mensch.

Eines Tages sind, obgleich der Tuchfabrikant längst aufgehört hat zu zählen, tausend deutsche Jahre vorüber, Russen marschieren in die östlich von Berlin gelegene Stadt ein und besetzen die großen Gebäude, darunter die stillgelegte Fabrik. Sein erster Anruf ist ein Ferngespräch nach Stockholm. Berlin fällt und die Russen wollen die Webstühle mitnehmen und die Spinnmaschinen, sogar die Dampfturbine, die sein Vater angeschafft hat, wollen sie nach Russland bringen. Er trinkt mit ihnen und trinkt und trinkt. Die Webstühle bleiben, auch die Nähmaschinen und die Turbine, bis Ende Juni soll er tausend Stück Tuche für die Rote Armee produzieren, Arbeiterinnen und Arbeiter müssen her, Tante Käthe ruft an, und die Leute aus Nürnberg und Bremen, die Große kommt als Erste zurück, dann die Zwillinge, und schließlich die Kleine, eine Kinderfrau braucht er, bis seine Frau aus Schweden heimkehrt, und Wolle.

Das Problem ist nur, daß seine Frau mit einem ungarischen Pass in Schweden überlebt hat und also nicht mehr deutsch ist und auch nicht mehr seine Frau ist, auf dem Papier jedenfalls. Zu Besuch kann sie kommen, aber bleiben darf sie nicht. Dass die Kinder Mama zu ihr sagen, muss überhaupt nichts heißen, sagt der Beamte, Kinder können lügen, wenn man sie dazu erzieht, sagt er. Der deutsche Ehemann, dessen Kinder nur überlebt haben, weil er bis zum amtlich beglaubigten Selbstmord seiner jüdischen Frau mit ihr verheiratet geblieben ist, sagt dazu nichts. Seine Frau Therese, die jetzt Erszebet heißt, hat sich, um zu überleben, nach Schweden hingelogen, und jetzt muss es ihr irgendwie gelingen, sich wieder nach Deutschland zurückzulügen. Ausgerechnet das Lügen hat der Krieg unzertrümmert gelassen, wahrscheinlich weil es weder aus Fleisch noch aus Stein ist, das Lügen ist nur aus Luft, und die Luft ist die gleiche geblieben, deshalb muss man noch immer anstelle eines Satzes einen anderen sagen, statt der einen Antwort eine andere geben, alles flach lassen, damit es sich leichter verschiebt.

Und so geht der deutsche Witwer mit der in Schweden lebenden Ungarin Erszebet, die vor Jahren einmal aus ihrer deutschen Haut gefahren ist, zum zweiten Male die Ehe ein, Trauzeuge ist sein Freund, der seine Frau damals nach Schweden gebracht hat, Trauzeugin seiner Frau und Braut eine Freundin, die sie trotz des anderen Namens gleich wiedererkannt hat. Es gibt diesmal keinen Blumenstrauß und keine Anzeige in der Zeitung, die Kinder sind in der Schule, und von denen, die bei der ersten Hochzeit dabei waren, ist ohnehin kein einziger mehr am Leben. Der Tuchfabrikant heiratet also, wie man so sagt, in aller Stille, und weil er schon vieles in aller Stille getan hat, fällt es ihm durchaus nicht schwer, seine Geburtsurkunde und Erszebets falschen Pass ohne Zögern nebeneinander auf den Schreibtisch des Standesbeamten zu legen. In der Nacht nach dem Hochzeitstag schiebt seine Frau, so wie früher, ihre Füße zu ihm hinüber unter die Decke, um sich zu wärmen, und im Schlafzimmer der Kinder atmen vier Kinder in ihren Betten. Nur die untere Etage des Hauses ist und bleibt wohl auch leer. Und das Grab der Selbstmörderin auf dem jüdischen Friedhof wird von nun an endlich verwildern, wie es die jüdische Sitte verlangt, bald wird der Schriftzug auf dem Grabstein nicht mehr zu lesen sein: der deutsche Name Therese.

Wenn nicht das Reh wäre, könnte die Geschichte hier enden. Ob es dasselbe Reh war, das der Mann damals zu seinen Kindern nach Haus gebracht hat, steht dahin. Jedenfalls sind noch ein paar Sätze übrig. Also.

Ein paar Jahre später steht ein Beamter vor der Tür, er übergibt einen Brief: Er, der Tuchfabrikant, habe soundsoviele Ballen Stoff unterschlagen, die Fabrik werde deshalb verstaatlicht, und er käme vor ein Gericht. Es ist nur ein Versehen, dass der Beamte ihn nicht gleich mitnimmt. Die soundsoviel Ballen Stoff sind eine papierne Erfindung, aber der Tuchfabrikant weiß, was es heißt, wenn in Deutschland etwas auf einem Papier steht. Die Frau packt schnell das Wichtigste ein, er, sie, die vier Kinder, fünf Koffer müssen genug sein, er holt währenddessen die Mädchen mitten im Unterricht aus der Schule, zu sechst fahren sie mit dem Zug nach Berlin, ein, zwei, drei, vier, die Frau und er, und fünf Koffer, die Grenze ist gottlob noch offen, und vom Bahnhof Friedrichstraße geht es mit der S-Bahn in den Westen. Der Tuchfabrikant stirbt zwei Jahre später über den Mühen des Neuanfangs in der Nähe von Würzburg. Die Fabrik in seiner Heimatstadt erhält unterdes den Namen »Werk IV« eines volkseigenen Kombinats.

Nach dem Zusammenbruch des östlichen Teils von Deutschland wird die Fabrik bald geschlossen, und das hinter der Fabrik gelegene Wohnhaus der Fabrikantenfamilie, das zuletzt den Bund für Völkerfreundschaft beherbergt hatte, verwaist. Von dem Tag an, als der erste Stein in das Fenster des ehemaligen Herrenzimmers fliegt und bei seiner Landung auf dem Parkett eine tiefe Scharte in den Boden schlägt, verwandelt sich das Gebäude geisterhaft schnell in eine Ruine. Während die Wände des Hauses unbeheizt dastehen und allmählich verrotten, stürzen im Garten Bäume um und liegen quer. Stehende und Liegende haben so schon viel Zeit miteinander verbracht, als eines Tages zwei alte Frauen aus Würzburg sich dem Garten von der Bahnhofstraße her nähern. Zwillinge sind die beiden, und wollen den Ort wiedersehen, wo sie als Kinder einige Zeit verbrachten, und als junge Mädchen noch einmal einige Zeit. Und jetzt tritt das Reh auf. Ob es dasselbe Reh war, das ihr Vater ihnen damals nach Haus gebracht hat, steht dahin. Das Reh spaziert auf dem Bürgersteig, genau gegenüber der Ecke, wo die Mauer, die den Garten umgibt, einen Knick macht, und zupft mit seinem weichen Maul das Gras zwischen den Pflastersteinen Hälmchen um Hälmchen aus. Die Frauen bleiben still stehen, aber das Reh hat, wie es scheint, überhaupt keine Scheu, sondern überquert jetzt in aller Ruhe die Straße, frisst dann von dem Gras, das auch zwischen den Ziegeln der Mauer hervorsprießt und verschwindet schließlich zwischen den verrosteten Flügeln des Gartentors, das halb offen steht. Die Frauen folgen dem Reh, aber als sie den Garten betreten, ist es nicht mehr zu sehen.

Schluss. Aus. Das Reh ist nicht mehr zu sehen, und damit basta. Ich sage nichts mehr. Ich schweige. Das Reh ist verschwunden. Dass die Zeit immer weitergeht, auch wenn die Geschichte schon aus ist, muss mich nicht interessieren. Denn was jetzt noch zu erzählen bliebe, ist zu wahr, um schön zu sein. Zu wahr. Oder erzählt die Geschichte sich selbst immer weiter, über ihr eigenes Ende hinaus? Wäre es also doch an mir, da ich nun einmal weiß, was ich weiß, alles zumindest bekannt zu geben? Muss ich alles aussprechen, was war, nur weil es wahr ist, oder darf ich schweigen, wenn die Wahrheit so ganz und gar nackt dasteht? Bin ich wirklich diejenige, deren Pflicht es ist, zu erwähnen, dass der Schlaf dieser Kleinstadt einige Zeit nach dem Wiedersehen der Zwillinge mit dem Reh von einem Herrn gestört wurde, der auf die

Idee kam, dort ein Museum für Tote zu gründen? Wenn es doch wahr ist. Manche Dinge sind so wahr, dass man lachen muss. Die Wahrheit ist eine Brücke aus Papier. Ist es wirklich an mir, mitzuteilen, dass dieser Herr sein Museum ausgerechnet in der Fabrik des Tuchfabrikanten einrichtete und selbst das ehemalige Wohnhaus der Fabrikantenfamilie bezog? Fakt ist jedenfalls, dass die Hände dieses Herrn, der in der ehemaligen Tuchfabrik einer Kleinstadt östlich von Berlin sein Museum für Tote eröffnet hat, vollkommen sauber sind. Er selbst sagte kürzlich: Die Toten bringen wieder Leben in die Stadt. Und ich: Schweige.

Hanns-Josef Ortheil

Familienbilder

Erstes Foto: Köln 1957

Das erste Foto, von dem ich erzählen möchte, ist eine blassbunte Fotografie, die meine Mutter und mich auf einer Bruchsteinmauer am Rhein zeigt. Wir sitzen dicht aneinander gelehnt, meine Mutter hält unmerklich meine linke Hand, sie trägt einen langen, hellen, sehr schönen Mantel und einen eleganten, weißen Hut. Ich selbst starre irgendwohin, noch bin ich ein kleiner Knabe und wirke doch wahrhaftig auch schon wie ein Alter. Meine Mutter ist damals stumm, nach dem Verlust von vier Söhnen während des Zweiten Weltkriegs und in den ersten Jahren danach hat sie die Sprache verloren. Die meisten, die uns begegnen, wissen das und sprechen sie doch jedes Mal wieder an, als könnten sie ihr zumindest einige Laute entlocken. Doch es geht nicht, meine Mutter lässt nichts verlauten, die Jahre des Nazi-Regimes und des Krieges haben sie so tief geprägt, dass sie in ihren Gedanken und Erinnerungen noch immer Tag für Tag damit beschäftigt ist. Die übrige Zeit liest sie, ein Buch nach dem andern. Ich weiß nicht, um was für Bücher es sich handelt, ich verstehe von alldem noch nichts, denn ich gehe ja noch nicht in die Schule. Damals, 1957, denke ich auch nicht gerne an so etwas wie Schule, denn auch ich selbst bin stumm, stumm wie meine Mutter. Ihre Geschichte und ihr vergangenes Leben haben auch mich geprägt, ich komme davon nicht los, auch mich spricht man auf der Straße und in den Geschäften laufend an, und auch ich kann niemandem antworten. Ich mag dieses hilflose, abwartende und auf ein bloßes Zuhören beschränkte Dastehen ganz und gar nicht, nein, wirklich nicht, ich komme mir vor wie ein Phantom, das nicht wirklich existiert, sondern durchs Leben geistert und manchmal auch gar nicht mehr zur Kenntnis genommen wird, als wäre es überhaupt nicht vorhanden. Ein wenig haben sich nämlich alle schon an das stumme Paar, an Mutter und mich, gewöhnt. Manchmal ist unsere Stummheit einigen sogar lästig, und wir bekommen zu hören, dass wir endlich den Mund aufmachen sollen. Was würde ich lieber tun, als zwölf Jahre nach Kriegsende endlich den Mund aufzumachen? Es geht aber nicht, Mutter und ich werden noch eine Weile stumm bleiben und häufig am Rhein sitzen und auf den Fluss schauen. Eigentlich sind wir ein schönes Paar, und manchmal bleiben fremde Spaziergänger sogar nichtsahnend stehen und schauen den kleinen Menschen an, wie er da beinahe regungslos und unendlich gehorsam neben seiner Mutter sitzt. Wir schauen dann anderswo hin, oder wir stehen auf und gehen unserer Wege. Wir führen ein einsames, zurückgezogenes Leben, beinahe ohne jeden Kontakt mit anderen Menschen. Für solche Kontakte ist mein Vater zuständig, aber der ist auf dieser frühen Bunt-Fotografie nicht zu sehen, denn er ist der Fotograf der trügerischen Szene.

Zweites Foto: Am Rhein, 1958

Das zweite Foto, von dem ich erzählen möchte, zeigt auf den ersten Blick eine völlig belanglose, langweilige Szenerie: Vier schon leicht klapprige weiße Gartenstühle und ein schmaler, mit einer frisch gestärkten, jedoch etwas zu kurz geratenen Decke geschmückter Tisch. Die Stühle und der Tisch gehören in eines der typischen Gartencafés, die ich mit meinen Eltern damals, in den späten fünfziger Jahren, aufgesucht habe. In solchen Cafés haben wir Kuchen gegessen, Kaffee getrunken und uns wie Menschen empfunden, die es in eine uralte, zeitlose Märchenkulisse verschlagen hatte. Diese Kulisse war die Umgebung des Rheins mit ihren Ausflugslokalen und ihren Politiker-Treffs in der Nähe von Bonn und Bad Godesberg. Auf dem anderen Rheinufer, in Rhöndorf, wohnte der alte Bundeskanzler, das wussten wir, und einmal hatten wir ihn ganz zufällig sogar in diesem Rhöndorf beim Verlassen der katholischen Kirche nach einem Sonntagsgottesdienst gesehen. Vom Bundeskanzler also hatten wir eine konkrete Vorstellung, es war ein älterer Herr mit festen Grundsätzen und Ansichten, dessen Stimme man oft im Radio hörte, wie sie ununterbrochen zwischen gut und böse unterschied. Was wir uns aber unter einem Staat wie der »Bundesrepublik Deutschland« vorzustellen hatten, das wussten wir nicht. Wir dachten weder »Bundesrepublik« noch »Deutschland«, der Begriff war noch viel zu undeutlich und abstrakt. In unserer Vorstellung bestand der Staat aus einigen älteren Herren wie dem Bundeskanzler, die jederzeit in einem dieser rheinischen Ausflugslokale hätten auftauchen können, um dort nach einer Tasse Kaffee ein paar Gespräche bei einigen Gläsern Rheinwein zu führen. Der Staat war das Rheinland, und der Staat war katholisch, insgesamt hatten wir von diesem Staat eine Vorstellung wie von einem Verein, aus dem man unter bestimmten Umständen auch wieder austreten konnte. Vorerst aber gab es dafür noch keinen Grund: Die rheinischen Gartencafés waren gut besucht und der Altherren-Geruch von Zigarren, Kaffee, Cognac und Wein beruhigte sehr. Außerdem hatten wir vorgeplant, denn in diesen späten fünfziger Jahren bauten meine Eltern sich in den tiefsten Wäldern des Westerwaldes ein kleines Haus, nur für uns Drei. Das Haus war so dicht von Wäldern umgeben, dass man es von keiner Seite aus sehen konnte, mit seinen bunkerhaften Kellern und geheimen Abstellkammern war es das ideale Versteck.

Drittes Foto: Köln, 1969

Das dritte Foto, von dem ich erzählen möchte, zeigt mich inmitten eines kleinen Kreises von Oberschülern vor dem Tor eines Gymnasiums. Wir Oberschüler stehen kurz vor dem Abitur, aber wir denken nicht daran, für so einen Anlass zu lernen. Im Grunde lernen wir überhaupt nicht und haben während unserer elend langen neun Gymnasialjahre auch niemals richtig gelernt. Wir sind vielmehr zweigleisig gefahren, schulisch passiv und aktiv in allem, was wir als »das Leben« verstanden. Zum »Leben« gehörte Ende der sechziger Jahre die Politik, deshalb verteilen wir vor dem Tor unseres Gymnasiums auch Flugblätter. Eigentlich dürfen wir diese Flugblätter überhaupt nicht verteilen, jedenfalls wurde uns das für das Gelände der Schule streng untersagt. Um Bestrafungen zu entgehen, stehen wir daher demonstrativ nicht auf Schulgelände, sondern etwas außerhalb, genau genommen etwa zwei Meter. Dort fotografiert uns ein Fotograf der örtlichen Zeitung, so dass unsere Gruppenaktion am nächsten Tag eine größere Öffentlichkeit findet. Die Bestrafung durch die Schuldirektion lässt nicht lang auf sich warten, wir haben unsere Flugblätter zwar nicht auf Schulgelände verteilt, wohl aber »so gut wie auf Schulgelände«, jedenfalls in einem gut sichtbaren »Nahkontakt« zum Gelände. Die Auseinandersetzungen zwischen der Direktion und uns Oberschülern über das Maß der Bestrafung und ihre Rechtmäßigkeit ziehen sich über Wochen und Monate hin und enden erst vor Gericht. Etwa ein halbes Jahr später, nach dem Abitur, bricht das Freiheitsgefühl derart stark aus, dass die meisten von uns zunächst für einige Zeit in weit entfernte Länder verreisen. Mit einigen Freunden aus dem Flugblätter-Kreis werde ich mit dem Fahrrad nach Italien aufbrechen. Als wir es über die Alpen geschafft haben und, ohne ein Wort Italienisch zu sprechen, im italienisch sprechenden Teil Südtirols ankommen, rufen uns in einer Dorfstraße einige Schüler etwa in unserem Alter »Heil Hitler!« hinterher. Wir ziehen die Köpfe ein und stehlen uns davon, aber keiner von uns wird diese Schreie vergessen. Ich selbst gelange mit dem Rad schließlich sogar bis nach Rom. Als ich dort angekommen bin, beschließe ich, so schnell wie möglich gut Italienisch zu lernen und einige Jahre in Rom zu bleiben.

Viertes Foto: Köln, Mitte der siebziger Jahre

Das vierte Foto, von dem ich erzählen möchte, zeigt mich inmitten eines Nirwanas der siebziger Jahre. Ich sitze auf dem Fußboden, mit dem Rücken gegen ein Sofa gelehnt, ich wirke übermüdet, erschöpft und leer, ich blicke apathisch hinüber zu einem Freund, der gerade, von drei, vier weiteren Freunden umringt, eine Platte auflegt. Worüber reden sie? Über Musik, über Frauen oder doch nur über Sport? Worüber man redete, war damals vollkommen egal, denn das Reden hatte nicht die geringste Bedeutung. Jede Unterhaltung floss so daher, stieß nirgends an, versickerte und kam aus irgendeinem faulen, modrigen Loch wieder ans Licht. Wir waren aus den entfernten Ländern zurückgekommen und hatten, wie wir das nannten, »unsere Erfahrungen« gemacht. Wir hatten schon ein gewisses Alter und hätten nun Ernst machen müssen, aber wir dachten nicht dran, obwohl die meisten von uns jetzt studierten. Das Studium lief wie die Schule an uns vorbei, nur dass wir jetzt auch kein Zweit-Leben mehr hatten, nichts, womit wir uns mit gutem Gewissen die Zeit hätten vertreiben können. Was blieb uns also anderes als abzuwarten? Der Begriff »Bundesrepublik Deutschland« tauchte jetzt in der Version »BRD« hier und da auf, es war ein Begriff, der jene Aggressionen auslöste, die wir eigentlich gar nicht hatten. Jedenfalls roch »BRD« nach Polizei, nach Gewalt und nach Staat. Insgeheim hatten wir den Staat also nach vielen Jahrzehnten wirklich entdeckt, er spielte mit uns angeblich grausame Spiele. Wir waren aber keineswegs Tag und Nacht mit diesen Spielen beschäftigt, nein, das waren wir nicht. Wir saßen auf Fußböden und hörten Musik, wir klinkten uns hier und dort tagelang ein, dann aber brachen die Aktionen wieder zusammen und endeten in unserem stillen Nirwana, außerhalb von Raum und Zeit, in irgendeiner Wohnung, einem Lokal oder unten am Rhein, dem idealen Raum für Peace, Sex and Love.

Fünftes Foto: Wiesbaden, 1984

Das fünfte Foto, von dem ich erzählen möchte, zeigt mich neben meinem Freund Hubert, der in Wiesbaden gerade ein Lokal mit angeschlossener Bar eröffnet hat. Hubert war der erste von all meinen Freunden, dem das Warten dann doch zuviel wurde und der auf keinen Fall im Schuldienst enden wollte. Zu unserer großen Verblüffung belegte er eine Zeitlang BWL-Kurse, ohne je an etwas anderes zu denken als daran, irgendwann ein Lokal aufzumachen. Wiesbaden hatte es ihm angetan, er liebte es aus nostalgischen Gründen als a) eine von Bomben verschonte und daher von ihrer Bausubstanz her »lupenrein« erhaltene, b) eine von Millionären und ihrem vermögenden Gefolge überschwemmte und c) eine Reiter-, Golfer- und Bäder-Stadt. Hubert umarmt mich, als habe er auch gleich den richtigen Kompagnon gefunden: fleißig, immer vor Ort und, was die Finanzen betrifft, nicht allzu clever. Das aber ist eine Täuschung, denn ich bin keineswegs Huberts Kompagnon, sondern spiele nur am Eröffnungsabend seines Lokals mit angeschlossener Bar das Klavier. Ich bin also der Barpianist, deshalb bin ich so festlich gekleidet. Die festliche Kleidung wird mir weit nach Mitternacht helfen, in noch völlig nüchternem Zustand zusammen mit einigen stark alkoholisierten Freunden die Wiesbadener Spielbank zu betreten, um dort in einem der für diese Jahre typischen Ausfallerscheinungen von Vernunft und Kalkül gemeinsam einen großen Betrag auf eine einzige Zahl, die Zahl Neun, zu setzen. Wir werden die Spielbank gegen drei Uhr mit über 100 000 DM verlassen und den Betrag unserem Freund Hubert zur Vermehrung anvertrauen. Die Mehrheit von uns hat Helmut Kohl zum Kanzler gewählt, und in Huberts Lokal hängt eine Bunt-Fotografie des Kanzlers mit schwarz-rot-goldenem Streif am Eingang zur Küche.

Sechstes Foto: Leipzig, Mitte der achtziger Jahre
Das sechste Foto, von dem ich erzählen möchte, zeigt meine Frau und mich in einer Leipziger Wohnung zusammen mit einem Leipziger Ehepaar, das vor der deutschen Teilung mit den Eltern meiner Frau befreundet war. Da die Eltern meiner Frau, weil sie sich irgendwann aus Leipzig in den Westen abgesetzt haben, ihre Freunde nicht besuchen dürfen, sind meine Frau und ich für ein paar Tage nach Leipzig gereist, um die früheren Freunde dort zu besuchen. Wir kennen uns nicht, oder besser: Wir kennen uns nur auf Umwegen, über die Eltern meiner Frau. Eigentlich dürfen wir uns nur in Leipzig aufhalten, aber das Ehepaar, das bald auch zu unseren guten Freunden werden wird, hält sich nicht an die Bestimmungen und reist mit uns durch die DDR: Nach Mecklenburg, an die Ostsee, nach Dresden. Damit wir nicht auffallen, tragen wir Kleidung ihrer Kinder und verhalten uns übertrieben still und ruhig. Wir reden nicht unnötig viel, wir nicken und schütteln den Kopf und haben selbst im Umgang mit den neuen guten Freunden die ganze Zeit das Gefühl, nicht offen sprechen zu können. Wenn wir zusammen sind, reden wir in Andeutungen, und manchmal bekommen wir von unseren Freunden Zeichen und Hinweise, dass wir beobachtet werden und dass man uns auf unseren Wegen folgt. Nach einer Weile komme

ich mir derart beobachtet vor, dass ich immer weniger sage, und dann ist es plötzlich, von einem Moment zum andern, soweit: Ich spreche nicht mehr, ich bin wieder der Stumme, der auf einer Bank am Rhein sitzt und auf Fragen und Ansprechpartner nicht reagiert. Unsere Freunde erschrecken darüber so sehr, dass sie mich zu einem Arzt oder sogar ins Krankenhaus bringen wollen. Ich lasse mich aber nirgendwohin bringen, ich lege mich vielmehr, während meine Frau mit unseren neuen Freunden unterwegs ist, ins Bett. Niemandem kann ich verraten, welch ein Genuss es ist, Mitte der achtziger Jahre als Westler in einem Leipziger Bett in einer sonst leeren Leipziger Wohnung zu liegen. Ich fühle mich, als wäre ich wieder in meiner Kindheit angekommen, im stillen Reich der fernseh- und medienfreien Zeiten, in den fünfziger Jahren. Wenn ich aufstehe und auf den Balkon des Mietshauses trete, erkenne ich verrußte, kaputte Fassaden und ruinöse Gebäude, als läge der Krieg nicht vierzig, sondern höchstens zehn Jahre zurück. Wir lernen, dass es die DDR wirklich gibt und es sich dabei um eine Filmproduktion über das Leben in der Nachkriegszeit unter Bedingungen einer Diktatur handelt. Kein Mensch macht sich Gedanken darüber, was es am Abend zu essen geben soll, kein Mensch überlegt, welchen Film man sich ansehen könnte. Stattdessen treffen wir uns beinahe jeden Abend mit anderen Leipzigern in einer anderen Wohnung. Man unterhält sich, man tanzt die halbe Nacht den Andeutungs-Blues, manchmal ist das so anstrengend, dass man sich übergeben muss, weil der verkrampfte Magen die Anspannung einfach nicht mehr erträgt. Zum Glück bin ich entschuldigt, denn angeblich habe ich eine »Stimmband-Überreizung«. Sie bringt mich, obwohl ich doch verheiratet bin und meine Frau mich gut sichtbar zu jeder dieser Abendunterhaltungen begleitet, auf Tuchfühlung mit den Leipziger Frauen. Kaum ein Abend vergeht, wo dem an den Stimmbändern Überreizten nicht heimlich, in einem unbeobachteten Moment, bei einem Glas in der Küche oder in einem stillen Kinderschlafzimmer eine Hand aufgelegt oder unters Hemd oder in die Hose geschoben wird. Auch das gehört zum Andeutungsblues, diesmal nicht politisch, sondern sexuell. Nach einiger Zeit warte ich richtiggehend darauf, endlich mit Haut und Haaren verführt zu werden, aber meine stumme Rolle ist denn doch zu schön, so dass man den Stummen am Ende unbefriedigt in den Westen abschiebt, um ihn sich zu erhalten für überhitzte Karten und Briefe mit lauter immer manifester werdenden Andeutungen. All diese Karten und Briefe sind leicht beschädigt, hier fehlt eine Ecke mit dem Namen der Absenderin, und dort ist ein Seitenstreifen abgeschnitten, um das Postskriptum zu entfernen.

Siebtes Foto: Berlin, 1990

Das siebte Foto, von dem ich erzählen möchte, zeigt mich in der Nacht der ersten so genannten »Wiedervereinigungsfeier«, also am 3. Oktober 1990, in Berlin. Ich stehe spätabends im Osten der Stadt und habe dort mit Bekannten gefeiert, gleich werde ich mich zu Fuß in den Westen aufmachen, um dort kurz nach Mitternacht in der Nähe des Kurfürstendamms einzutreffen. Ich werde, weil ich wegen des weiten Fußwegs sehr durstig bin, das Hotel »Kempinski« betreten, um dort an der Bar noch einen Schluck auf die Wiedervereinigung zu trinken, doch ich werde schnell erkennen, dass die Hotelbar anscheinend leer und für Gäste durch ein rot-weißes Flatterband gesperrt ist. Ich werde jedoch einen Barpianisten spielen hören und sehen und mich daraufhin, da ich eine starke Sympathie für Barpianisten habe, entschließen, unter dem Flatterband hindurch die Bar zu betreten. An der lang gestreckten Theke ankommend, werde ich bemerken, dass sich in dem toten Winkel rechts von mir eine große Gestalt niedergelassen hat, die mit einem kleinen schwarz-rot-goldenen Wimpel spielt. Ich werde auf den ersten Blick begreifen, warum die Bar abgesperrt ist, denn bei der einsam dasitzenden, im toten Winkel ein Glas Sekt trinkenden Gestalt wird es sich um Helmut Kohl handeln. Nach einer ersten ruppigen Anrede wird er sich rasch beruhigen, wir werden gewisse Gemeinsamkeiten entdecken, und dann werden wir uns fast eine halbe Stunde ungestört unterhalten, bei einem Glas »Deinhard Rosé«, das mich an den Sekt der Gartencafés meiner Kindheit entlang des Rheins erinnert.

Achtes Foto: Meissen, Mitte der neunziger Jahre

Das achte Foto, von dem ich erzählen möchte, zeigt einen ehemaligen Tanzsaal einer Gastwirtschaft in Meissen, wo eines der fast monatlichen Schriftstellertreffen zwischen Schriftstellern aus Ost- und West-Deutschland stattfindet. Die Begriffe BRD und DDR sind endlich verschwunden, und einige Schriftsteller sagen jetzt »Deutschland«, mit leicht geblähten Nasenflügeln, vor denen bereits im achtzehnten Jahrhundert Lichtenberg gewarnt hat. Die Schriftsteller treffen sich unablässig, weil die deutsche Wiedervereinigung noch nicht bei ihnen angekommen ist und sie immer wieder neu darüber beraten, was sie von ihr halten sollen. Ein Schriftsteller aus dem rheinisch-katholischen Westen hat mit all seinen Deutschland-Erinnerungen während eines solchen Treffens nicht die geringste Chance: Ich kann weder von rheinischen Ausflugslokalen noch von Adenauer und Rhöndorf, geschweige denn von Helmut Kohl, sprechen. Auch dass ich während der achtziger Jahre heimlich Schriftsteller des damaligen DDR-Untergrunds besucht habe, käme während dieser Treffen nicht sehr gut an, die Debatten sind einfach zu verworren und unübersichtlich. Seit neuestem fluchen selbst ehemalige DDR-Schriftsteller, die vom SED-Regime jahrzehntelang verfolgt wurden, auf den kapitalistischen Westen, während andere ehemalige DDR-Schriftsteller, die es in den späten achtziger Jahren irgendwie geschafft hatten, in den Westen überzusiedeln, ihren ehemaligen Landsleuten Blödheit, Feigheit und Duckmäusertum vorwerfen und abends demonstrativ Froschschenkel oder Crevetten mit Eissalat essen. Einige meiner Brief-Freundschaften aus der ehemaligen DDR sehe ich während dieser Schriftsteller-Treffen wieder, von ihrer früheren Vorsicht und Zurückhaltung ist nichts mehr geblieben. Die meisten haben neue Frisuren, so dass ich sie zunächst nicht wiedererkenne, dann aber erlebe ich staunend, wie rasch sie gelernt haben, alle Hemmungen fallen zu lassen und den Westen Körper für Körper sexualtheoretisch und -praktisch mit Haut und Haar zu erobern.

Neuntes Foto: Stuttgart, am 11. September 2001

Das neunte Foto, von dem ich erzählen möchte, gibt es nicht, aber ich tue jetzt einmal so, als existiere es. Mein Phantasie-Foto zeigt mich in einem Stuttgarter Fahrradgeschäft, das ich am frühen Nachmittag betreten habe, um von einem hyper-erregten Verkäufer erklärt zu bekommen, dass gerade der Dritte Weltkrieg beginnt. In New York ist etwas Furchtbares geschehen, das ich noch nicht begreife, weil sich die Erzählung des Verkäufers wie die Wiedergabe eines Horror-Videos anhört. Ich frage mich ernsthaft, ob der Mann spinnt, denn er glaubt wirklich fest, dass auch »Deutschland« noch in derselben Woche dran sei. Deutschland ist jetzt auch dran, sagt er immer wieder und meint auf meine Nachfrage hin, dass der Kölner Dom nicht mehr lange stehen und es in Stuttgart den Fernsehturm treffen werde. Nie mehr, sagt er, werde er diesen Turm betreten, und überhaupt, er werde Deutschland jetzt mit seiner Familie verlassen und zurück nach Kroatien gehen, wo man jetzt wirklich sicher sei, denn in Deutschland sei man einfach nicht sicher und auch niemals sicher gewesen. Deutschland sei von seiner ganzen Geschichte her kein sicheres Land, ja genau, eigentlich habe er jahrelang am Rande des Todes gelebt und damit viel gefährlicher als im ehemaligen Jugoslawien, aus dem er mit seiner Familie einmal nach Deutschland geflohen sei.

Zehntes Foto: Berlin, 2009

Das zehnte und letzte Foto, von dem ich erzählen möchte, zeigt mich mit meinem Jugendfreund Hubert in seinem Berliner Lokal. Längst ist Hubert ein erfolgreicher Gastronom geworden, mit Spitzen-Restaurants nicht nur in Wiesbaden, sondern im ganzen Land. Die 100 000 DM, die wir ihm einmal zur Vermehrung anvertraut haben, fielen der Spekulation zum Opfer, aber das macht nichts, für Hubert sind solche Summen keine nennenswerten Beträge. Sechzig Jahre »Bundesrepublik Deutschland« bedeuten für ihn: Ein Festessen mit über hundert geladenen Gästen, aus Politik, Wirtschaft, Kultur. Am späten Abend spiele ich den Barpianisten und weit nach Mitternacht werde ich, wie ich mich kenne, in einem kleinen Kreis von guten Freunden Geschichten erzählen, und man wird mir gierig und doch irgendwie befreit lauschen. Es gibt nichts mehr zu erkämpfen und zu verdrängen, und es gibt erst recht keinen Grund für Verkrampfungen. »Deutschland« ist eine Art vollwertiger Partner im globalen Liebesspiel, seine Küche ist mediterran, und seine Ausflugslokale am Rhein bestehen nur noch der Form und der Geschichte halber, mit einer deutlichen Aura von Verfall, als schämte sich diese frisch herausgeputzte Berliner Republik ihrer bescheidenen Frühzeit und als begänne sie, die Spuren dieser Frühzeit unmerklich zu verwischen.

Marie Wolters

Antoine

Antoine ist heute Morgen gestorben. Um 5.58 Uhr, sagte die Krankenschwester mit der schnippischen Stimme, als täte das irgendetwas zur Sache. Es war ungerecht: Ich hatte die ganze Nacht an seinem Bett gesessen, ohne ein einziges Mal die Augen zu schließen. Aber nein, er starb, wie um mich zu ärgern, in den fünf Minuten, in denen ich mir erlaubte, zur Toilette zu gehen. Es war wirklich nicht zu vermeiden, denn ich hatte beinahe zwei Thermoskannen grünen Tee getrunken. Im unwahrscheinlichen Fall eines Wiedersehens, bin ich mir sicher, dass er mir das vorhalten wird. Er wird mit vibrierender Stimme und mit vor Selbstmitleid verzerrtem Gesicht zu seinem imaginären Publikum sagen – wenn er beleidigt war, tat er immer, als sei er auf der Bühne – er würde sagen: »Meine Frau, Rachel Dupont, geborene Grünbaum, hat den Nerv, ihre Blase zu entleeren, während ich eines qualvollen Todes sterbe. Und damit nicht genug: anstatt sich anschließend um die Formalitäten zu kümmern und mit betretenem Gesicht am Totenbett ihres Gatten zu sitzen – wir waren immerhin fast fünfzig Jahre verheiratet – anstatt in Gegenwart der Verwandten, der Freunde, Anhänger und Journalisten ein paar bittere Tränen zu vergießen, schleicht sie sich unbemerkt aus dem Krankenhaus, überquert die Straße und steigt die Treppen hinab zur Metrostation Faidherbe-Chaligny.«

Eigentlich weiß ich gar nicht, wo ich hinfahren soll. Ich habe mein Portemonnaie in dem grauen Mantel gelassen, der über dem hässlichen Stuhl im Krankenzimmer hängt. Wenn ich zurückgehen und ihn holen würde, könnte ich eine Fahrkarte kaufen. Allerdings ist das Risiko groß, dass sie mich dort nicht mehr weglassen werden. *Zu* groß, finde ich. Ich entscheide mich also für die andere Möglichkeit: ich spiele Alzheimer. Jetzt, da ich meinen Beruf als Scriptgirl nicht mehr ausübe, weil die meisten aller bedeutenden Regisseure, für die ich je gearbeitet habe, entweder unbedeutend oder undeutbar geworden sind, seitdem traue ich mich das auch in der Öffentlichkeit. Man muss allerdings aufpassen, dass man nur dezent senil wirkt, sonst besteht die Gefahr, dass der verantwortungsbewusste, hilfsbereite Mitmensch unbedingt einen nahen Verwandten kontaktieren will. Wenn man es aber geschickt macht, kommt man mit allem davon. Der hilfsbereite Mitmensch ist in diesem Fall ein junger Mann mit einem Paar glänzender Kunststoffhosen, die normalerweise nur von Einwohnern der Banlieue getragen werden. Was tut er hier, im 11. Arrondissement? Jedenfalls lässt er mich, die verwirrte Alte, die mitten im Dezember nur mit einer dünnen Strickjacke bekleidet ist, hinter sich durch das Drehkreuz schlüpfen.

Ich steige in die Metro, lasse mir einen Platz anbieten und wärme mir die Hände zwischen meinen Oberschenkeln und dem klebrigen Plastiksitz. Vor mir sitzen deutsche Touristen, zwei Frauen und zwei Männer in praktischer Städtetrip-Kleidung. Sie diskutieren darüber, wer die Schuld am Aufenthalt in diesem Café an der Bastille zu tragen habe, in welchem sie gerade vier Euro fünfzig für eine Tasse Tee bezahlen mussten. Ihre bestürzte Ernsthaftigkeit amüsiert mich.

Als ich entdeckte, dass Antoine mein Tagebuch las, habe ich angefangen, es auf Deutsch zu schreiben. Wie ein archäologischer Fund war diese seltsame Sprache, die ich seit meinem zehnten Lebensjahr in der hintersten Schublade meines Gehirns vergraben hatte. Das Schreiben ging überraschend gut, denn ich begann gleichzeitig, deutsche Zeitschriften und neue Literatur in Originalsprache zu lesen. Nur gesprochen habe ich nicht mehr. Das hatte unser Vater auf der Flucht nach Frankreich angeordnet: Nie wieder ein Wort Deutsch. Als der Krieg lange vorbei war, probierte ich es ein einziges Mal und bekam sofort furchtbare Halsschmerzen.

Bei Strasbourg St. Denis steige ich um. Ich treffe bewusst keine Entscheidung, sondern lasse mich durch die stickigen Schläuche drängen: Treppen hinauf, durch Gänge, in deren akustische Sphären sich die immergleichen Akkordeonmelodien eingefressen zu haben scheinen, Treppen hinunter zur fliederfarbenen Linie 4. Die Luft, die man einatmet, beißt zurück, aber wenigstens ist es warm. Ich fahre weiter, stehend, umgeben von menschlichen Polstern, die sich nicht anmerken lassen, ob sie die gegenseitige Nähe als unangenehm empfinden. An der Station Château Rouge werde ich von drei wohlgenährten Afrikanerinnen in wallenden bunten Gewändern mit hinausgeschoben. Sie sind weich und riechen nach Zimt. Ich gehe weiter, Richtung Ausgang. Kurz davor stehen zehn Männer maghrebinischer Herkunft. Unter ihren Armen klemmen Spielzeugpistolen, die Schießgeräusche machen. Um den Hals tragen sie blinkende Ketten, die alle durcheinander eine andere quäkende Melodie von sich geben. Die Hände haben sie frei, denn mit ihnen unterstreichen sie gestisch und beinahe simultan das Anpreisen ihrer akustisch unerträglichen Ware. Neben ihnen sitzt ein Bettler mit einem Turban und einer abgeschnittenen Plastikflasche als Arbeitsgerät. Er trägt seinen Turban zur Schalldämmung, glaube ich.

Ich folge einem Mann und einem Mädchen – wohl seine Tochter – einem erschreckend hübschen Kind mit riesigen schwarzen Augen, das einen kleinen Koffer hinter sich herzieht. Ihre Locken haben die Farbe von Bitterschokolade und entwinden sich immer wieder ihrer strengen Frisur. Dann knotet sie das Haarband neu, jedes Mal fester und jedes Mal vergebens. Dem Vater sieht sie ähnlich, aber seine Schönheit ist weniger auffällig, er hat hellere Augen und sein Haar sieht verwaschen aus, wie ein mehrfach aufgebrühter Teebeutel. Er setzt seinen schweren Rucksack ab, bleibt vor einem Plan stehen und kratzt sich am Kopf. Nachdem er den Plan studiert und die für ihn relevanten Metrolinien mehrmals mit dem Finger nachgefahren hat, kehren die beiden um und verschwinden in der dunkelhäutigen Menge. Ich gehe durch die Metalltür, in dem Wissen, dass es draußen kalt sein wird. Das Wissen wärmt aber nicht. Eisiger Wind empfängt mich, während ich die Stufen hinaufsteige, er bläst verächtlich durch die locker gestrickten Maschen meiner Jacke. Ich bleibe in der Nähe eines Maiskolbenverkäufers, der einen alten Einkaufswagen als Grill benutzt. Er beobachtet mein Frösteln eine Weile und schenkt mir dann den verkohltesten aller Maiskolben, an dem ich meine Hände wärmen kann. Damit stelle ich mich an die Bushaltestelle und warte.

So dunkelgrau wie der Himmel ist, bemerkt man kaum, dass die Nacht längst vorbei ist. Es hat angefangen zu nieseln. Kleine, stechende Tropfen scheinen von allen Seiten zu kommen. Für solches Wetter bin ich zu alt. Ich warte auf den Bus und darauf, dass sich ein meiner Situation angemessenes Gefühl einstellt. Der Bus jedenfalls kommt. Ich steige ein, ohne nachzusehen, wo er hinfährt. Warum es immer noch Menschen in Paris gibt, die den Bus nehmen und sich dann darüber beschweren, dass sie zu Fuß schneller gewesen wären, ist mir rätselhaft. Der Bus ist kein Transportmittel, mit dem man zu einem Termin fährt. Aber er erlaubt mir an einem Tag wie diesem, im Warmen zu sitzen und die Weihnachtsdekoration zu begutachten. Selbst die winzigsten Äste an den großen Bäumen der Boulevards biegen sich vor Lichterketten. Die nassen Straßen reflektieren eine verschwommene Version der Lichter, die meisten sind rot oder golden, einige flackern und andere halten still. Menschen mit hochgezogenen Schultern und zu vielen Tüten in den Händen vermeiden sorgsam jeden Tritt in die leuchtenden Pfützen. Der Schneeregen macht es unmöglich, das Gesicht zu heben, also gehen sie mit gesenktem Kopf und konzentrieren sich auf die Trockenhaltung ihrer Füße. An der Endhaltestelle muss ich aussteigen. Ich verlasse nur ungern den Bus. Der Maiskolben, den ich in meine Strickjacke geschoben habe, ist inzwischen kalt geworden. Ich nehme einen Bissen und werfe ihn angewidert in den Müll. Dann sehe ich mich nach einer neuen Wärmequelle um. Vor mir ist eine Station der RER. Ich gehe hinein und schiebe mich, ohne zu fragen, mit einer kleinen, etwas verhungert aussehenden Frau durch die Schranke. Sie sieht mich erschrocken an und nickt dann, als habe sie verstanden: Ach so, eine verwirrte Alte.

Der Geruch der Tunnel in der RER ist noch beißender als in der Metro, ich weiß nicht, warum. Immer noch widerstandslos, lasse ich mich von einer

Gruppe übellauniger Geschäftsmänner in einen Zug drängen, der zum Flughafen Charles de Gaulle fährt. Warum nicht, denke ich. Da war ich lange nicht mehr.

Ich sitze am Fenster, die dunklen Schächte mit ihren vielen Rohren und Kabeln ziehen vorüber. Dabei versuche ich, meine Gedanken auf Antoine zu richten, auf den glutäugigen, mageren Antoine, den ich in Avignon kennenlernte, als wir beide Ende zwanzig waren. Dann auf den Antoine, mit dem ich frisch verheiratet in eine schäbige Pariser Dachwohnung zog, den jungen Theaterschauspieler mit der nervtötenden Angewohnheit, sich in der Küche die Zähne zu putzen, so dass das ganze Spülbecken voller Zahnpastaflecken war. Ich denke an ihn in seiner fragwürdigsten Rolle, die des Vaters, der sich herzlich wenig darum bemühte zu verbergen, dass er seine Tochter mehr liebte als seinen Sohn. Ich denke an einen späteren Antoine, der mich während seiner Midlife Crisis nur zweimal betrog, ich ihn dagegen fünfmal, gewissermaßen vorbeugend. Dann an den milden, älteren Herren, der anfing, sich neben seiner mittlerweile etablierten Karriere wohltätig zu benehmen, und mehreren Organisationen mit Weltverbesserungsvorschlägen eine monatliche Summe zu überweisen, die das, was seine Kinder für ihr Studium bekommen hatten, bei weitem überstieg. Mir fällt ein, wie er plötzlich bereute, in seiner Jugend aus der katholischen Kirche ausgetreten zu sein, und wie er einen Weg zurückfinden wollte, aber jedes Mal im Gottesdienst einschlief. Ich denke an seine furchtbaren Strümpfe, an seine Premierengeschenke an sich selbst und an den Stolz in seiner Stimme, mit dem er nach Jahren immer noch verkündete: Das ist meine Frau. Mir fällt sein seltsamer Körpergeruch ein, der an Marihuana erinnerte. Den hatte er bis zum Schluss, selbst als er verkrümmt und von Krebs zerfressen zwischen den sterilen Laken im Krankenhaus lag. Was haben all diese Antoines miteinander zu tun? Sollte ich das nicht wissen, frage ich mich.

Wie die meisten Flughäfen saugt auch dieser die Passagiere und ihre Reiseutensilien über Aufzüge, Rolltreppen und Fließbänder in seine Wartehallen. Als könne man nicht etwas Bewegung gebrauchen, bevor man stundenlang in der Luft herumsitzt, ohne sich die Beine vertreten zu können. Ich bin glücklicherweise in meinem Alter noch gut zu Fuß. Kaum habe ich diesen dankbaren Satz in meinem Kopf formuliert, sehe ich vor mir eine junge Frau in einem Rollstuhl. Ergriffen von einer seltsamen Faszination, für die ich mich sofort schäme, gehe ich hinter ihr her. Sie trägt große, altmodische Kopfhörer, aus denen summende Töne dringen, und die ihr gleichzeitig die wirren rotblonden Haare aus dem Gesicht halten.

Sie fährt in den Aufzug und drückt auf die Taste für die Ankunftshalle. Die Aufzugtür schließt sich, es gibt einen Ruck und eine metallisch verfremdete Frauenstimme verkündet den Fahrgästen, wo sie sich befinden und wo sie hinfahren. Beruhigend, dass doch immerhin einige der hier Anwesenden ein klares Ziel zu haben scheinen. In der Ankunftshalle folge ich der Rollstuhlfahrerin weiterhin unauffällig, sie hat inzwischen die Kopfhörer abgesetzt und sieht sich suchend um. Sie nimmt ein Handy aus der giftgrünen Tasche, die hinten an der Lehne befestigt ist, und versucht, jemanden anzurufen. Ich setze mich auf einen Wartesessel und tue so, als würde ich die Anzeigetafel studieren. Um überzeugender wartend auszusehen, sehe ich ab und zu auf meine Uhr, dann auf eines der rot blinkenden Wörter auf der Tafel – *retard* – zu denen ich ungeduldig den Kopf schüttle. Die Lautsprecherstimme erkundigt sich mehrmals hintereinander nach einem gewissen Rajinder Vindaloo und betont, er solle sich bitte unverzüglich zu Ausgang B begeben. Ich merke, dass ich mich in einem der selten gewordenen Raucherbereiche befinde. Neben mir sitzt ein sehr dicker Mann, der es nicht aushält, zwischen zwei Zügen eine auch nur sekundenlange Pause zu machen. Vielleicht kommt er gerade von einem Langstreckenflug und raucht jetzt nachträglich alle Zigaretten, die er sich verkneifen musste. Schade, dass es mir nicht mehr schmeckt. Das Rauchen, im Gegensatz zum Warten, zählt immerhin als Beschäftigung. Die Frau im Rollstuhl dreht sich geschickt um und sitzt plötzlich direkt vor mir. Ich fühle mich ertappt. Sie sieht den dicken Herrn und mich an und fragt uns beide auf Englisch, ob sie kurz ein Handy benutzen dürfe, denn ihr Akku sei leer. Ich verneine entschuldigend, denn meins ist in der Manteltasche im Krankenhaus, ich nehme an, dass es dort gerade unaufhörlich zappelt und klingelt. Mürrisch reicht der dicke Mann ihr ein rotes Quadrat, nicht viel größer als eine Streichholzschachtel. Sie bedankt sich, wechselt die Karten aus und klappt es auf, um mit ihren schmalen weißen Händen auf der winzigen Tastatur herumzudrücken. Wie der qualmende dicke Mann das bloß schafft, mit seinen Wurstfingern. Er sieht sie misstrauisch an. Anscheinend telefoniert sie mit der Person, auf die sie wartet, fragt, wo sie sei, ob es noch lange dauern werde. Ihre tiefe, kratzige Stimme bildet einen seltsamen Kontrast zu ihrem amerikanischen Akzent und den damit einhergehenden überschwänglichen Formulierungen. Sie gibt dem Herrn sein Gerät zurück. Er nimmt es und wischt es an seinem Hosenbein ab. Dann steht er schwankend auf und geht schwer atmend davon. Ich lächle die Rollstuhlfrau vorsichtig an, sie erwidert mein Lächeln. »Ich hasse warten«, sagt sie, wie zur Rechtfertigung für das Telefonat. »Ich auch«, antworte ich, »ich hätte es lernen müssen, aber ich habe es nie gelernt«. Das Englisch fühlt sich seltsam an in meinem Mund. Wie ein wackliger Zahn, der droht, jeden Moment herauszufallen. Dabei sind meine Zähne noch gut. »Warum meinen Sie, dass man es lernen muss«, fragt sie erstaunt. »Sehr oft kann man nichts anderes tun«, sage ich. Sie nickt nachdenklich. »Aber man muss den Eindruck erwecken, dass man vorher alles in seiner Macht stehende getan hat«, murmelt sie. Ich sehe sie verständnislos an. Sie streicht über ihre tauben Beine und die eleganten braunen Lederstiefel mit den nutzlosen Füßen darin. »Ich war Flugbegleiterin«, sagt sie und ihre Stimme klingt höher als vorher. »Einmal auf dem Weg von Tiflis nach New York gab es eine Notlandung und ich musste die Passagiere bitten, die Brace-Position einzunehmen. Sie wissen schon, so« – sie beugt sich nach vorne und faltet die Hände über dem Kopf – »*brace, brace*! Es war völlig sinnlos in dieser Situation, aber es musste so aussehen, als könne man irgendetwas tun. Wir hätten genauso gut sagen können: Warten Sie und nehmen Sie ihr Schicksal an, es kommt, wie es kommt – das wäre ehrlich gewesen. Es gab zwei Tote und…einen Krüppel,« sie deutet auf ihre Beine. »Ich treffe hier eine Freundin, mit der ich oft geflogen bin, die hat mich noch nie so gesehen.« Mir ist unwohl. Es ist also noch nicht lange her, dass diese Frau in ihren schönen Stiefeln in Wartesälen ungeduldig hin- und hergegangen ist. Tatsächlich bemerke ich bei näherem Hinsehen, dass die hohen Absätze eindeutige Spuren von Abnutzung zeigen.

»Audrey«, sagt sie plötzlich, wieder mit ihrer tiefen, sicheren Stimme. Wir schütteln Hände und ich sage »Rachel«, was ich auf Englisch viel schöner finde. »Auf wen warten Sie, Rachel?«, fragt sie mich.

»Auf niemanden«, sage ich, und füge hinzu: »Mein Mann ist heute Morgen gestorben. Ich muss darüber nachdenken.« Audrey scheint das nicht für absurd zu halten. »Sind Sie traurig?«, fragt sie, und ihre Frage setzt keine Selbstverständlichkeit voraus. Ich zucke mit den Schultern. »Er war so krank, es war nicht mehr mit anzusehen.« Meine Aufrichtigkeit überrascht mich. Ich fühle mich seltsam erleichtert, während sie langsam mit dem Kopf nickt. Dann entdeckt sie eine kleine Blondine in Uniform und beginnt zu winken. Die Blonde kommt zögernd näher, versucht ihrer Freundin ins Gesicht zu sehen und den Blick auf die Räder unter ihr zu vermeiden. Audrey verabschiedet sich von mir und rollt der Stewardess entgegen. Die beiden umarmen sich, sie wirken verunsichert durch den neuen Größenunterschied, dann verschwinden sie hinter einer sich schließenden Glastür. Ich stehe auf und gehe in entgegengesetzter Richtung einfach geradeaus, über Rolltreppen, durch Flure, vorbei an Zeitschriftenläden und Fastfood Restaurants. Vorbei an Leuten, die zum Zeitvertreib Dinge kaufen und sich später ärgern, diese nun mit sich herumtragen zu müssen. Hätte ich Geld dabei, würde ich das auch tun, so ist es nicht. Ich gehe in die Parfümabteilung und sprühe mir verschiedene Düfte auf die Haut. Dann weitere auf die Kleidung, bis es keine duftfreie Stelle mehr an mir gibt und ich nichts mehr auseinanderhalten kann. Ich fange besser gar nicht erst an, mich ernsthaft zu fragen, was genau ich hier tue. Bestimmt macht man sich Sorgen um mich. Wie lange wird er wohl in diesem Bett liegen bleiben dürfen? Oder haben Sie ihn schon weggeräumt? Ich hoffe, dass die Kinder sich darum kümmern. Solange es geht, möchte ich alle Gedanken an das Krankenhaus wegschieben. Ich gehe weiter. Eine Frau telefoniert neben dem Eingang des Parfümgeschäftes. Sie weint unangenehm laut. Ich möchte sie bitten, damit aufzuhören.

»Ist das ein Grund, mein Kind zu entführen?«, schreit sie, sich wenig um die Blicke der Umstehenden kümmernd.

»Wo bist du?«, ruft sie und schluchzt, »sag mir sofort, wo du bist, sonst ruf ich die Polizei!« An einer Schlange vor dem Check-In Schalter für den Flug nach Sao Paolo sehe ich ein Mädchen mit einem grüngestreiften Pullover. Sie kommt mir bekannt vor.

Beinahe rufe ich: »Entschuldigung, aber in der letzten Szene trägt das Kind einen Mantel und einen Koffer.« Einen Beruf wie meinen übt man schließlich nicht über vierzig Jahre lang aus, ohne dass er Spuren hinterlässt. Dann sehe ich, dass sie besagten Koffer aufgeklappt hat und gerade dabei ist, ihren Mantel darin zu verstauen. Es ist das Mädchen, das mit seinem Vater in Château Rouge ausgestiegen ist. Die Frau, vor deren Geheul am Telefon ich geflohen bin, kommt auf die beiden zugestürmt, nimmt das Kind an der einen Hand und den Koffer des Kindes an der anderen. Sie stellt sich vor den Vater und redet auf ihn ein. Er nickt resigniert und lässt die beiden gehen. Er sinkt auf seinen Rucksack, mitten zwischen den Schlange stehenden Reisenden, bis ihn ein junger Mann bittet, sich einen günstigeren Platz zu suchen. Er sieht sich um und geht auf mich zu, sein Blick Hilfe suchend. Ich sehe wohl aus wie die Weisheit in Person, wie das Orakel von Delphi. Wenn er wüsste, aus welch feigen Gründen ich hier sitze. Er setzt sich neben mich und sieht mich von der Seite an. Ich fühle, dass er etwas sagen möchte, denn er holt mehrmals Luft, so als würde er gleich zu sprechen anfangen. Aber dann lässt er es jedes Mal bleiben. Wir sitzen da und schweigen, lange. Irgendwann ist die Schlange verschwunden, die letzten Passagiere wurden auf Ausweispapiere, Tickets und Nagelscheren im Handgepäck untersucht und dann, nach Feststellung der erforderlichen Unauffälligkeit, in Richtung Gate geschleust. Der Mann neben mir wartet noch immer auf seine Entscheidung. Nach einer Weile ertönt die Lautsprecherstimme und ruft nach einem Herrn Fabio Reis Leal. Er zuckt zusammen und sieht sich beschämt um. Die Stimme ruft wieder. »Sind Sie das?«, frage ich ihn schließlich.

Er nickt. »Wollten Sie nicht nach Brasilien?« Er schüttelt den Kopf. »Jetzt nicht mehr«, antwortet er. Und dann plötzlich beginnt er ungefragt zu erzählen: »Ich bin wegen Madeleine nach Paris gekommen«, sagt er, »wir haben uns bei einem Konzert in Florianopolis kennen gelernt. Dann kam unsere Tochter zur Welt, das Mädchen, das gerade noch… hier war.« Er klingt sehr labil. Hoffentlich heult er jetzt nicht. Warum dieses Bedürfnis nach öffentlicher Beachtung privater Leiden. Ich weine doch auch nicht einfach so, vor wildfremden Menschen. »Sie weiß erst seit Kurzem, dass ich ihr Vater bin, wissen Sie?« Ich bemühe mich um einen Blick, der distanzierte Gleichgültigkeit signalisiert. Warum um Himmels willen erzählt er mir das. Ich möchte ihn darauf hinweisen, dass ich das Vertrauen, welches er mir entgegen bringt, nicht zu schätzen weiß, wenn ich auch noch so weise und sanftmütig aussehe.

»Und jetzt wollten Sie ihre Tochter mit nach Brasilien nehmen, ohne der Mutter etwas davon zu sagen?«, frage ich schroff, um die Rolle der lieben Oma loszuwerden, die mir gegen meinen Willen zugeteilt wurde. Er überlegt kurz. »Nein«, sagt er dann sehr bestimmt »ich habe mit ihr darüber gesprochen, dass ich sie eine Zeitlang mitnehme, damit wir uns kennenlernen. Aber ihr Mann war nicht einverstanden.« »Welcher Mann?« frage ich. »Madeleines Mann«, antwortet er. »Sie war schon verheiratet, bevor wir uns trafen. Ich habe gewartet und gehofft, dass sie ihn verlässt. Ich hoffe es immer noch.« »Seit wann?«, frage ich. »Seit vierzehn Jahren«, antwortet er. »Geben Sie auf«, rate ich ihm. Er sieht mich mit ernsten Augen an. »Das habe ich probiert«, sagt er schließlich »ich probiere es immer wieder.« So ein Idiot, denke ich. Wieder jemand, der nicht den Mut hat, sich seine Machtlosigkeit einzugestehen. Langsam habe ich genug von diesem Flughafen, ich stehe auf und will mich verabschieden. »Nehmen Sie die RER?«, fragt er, und bevor mir eine Ausrede einfällt, begleitet er mich aus dem Flughafengebäude.

Wir treten aus der Glastür und das unerwartet strahlende Sonnenlicht sticht mir in die Augen. Die dicken Wolken von heute morgen sind weitergereist. Der Himmel ist von einem harten, klaren Blau, das mich nachdenklich macht. Es erinnert mich an etwas, an eine Zeit. Oder vielleicht nur an einen Tag, nur an einen Moment an einem Tag in irgendeinem Sommer, der lange zurückliegt. Ich mache die Augen zu, um mich zu konzentrieren. Der Mensch, der in der Lautsprecheransage als »Fabio« bezeichnet wurde, bleibt neben mir stehen.

Wie seltsam rot die Dunkelheit aussieht, wenn man in der Sonne steht und die Augen schließt. Ich beginne die Bergungsarbeiten und suche auf dem Meeresboden meines Gehirns nach der Erinnerung, deren versunkene Splitter durch das stechende Blau des Himmels aufgewirbelt wurden und die aus irgendeinem Grund danach verlangt, gerade jetzt hervorgeholt zu werden.

Da ist eine alte Steinmauer, die sich anfühlt, als habe sie die Wärme von jahrtausendealten Sonnenstrahlen in sich gespeichert. Ich sitze auf dieser Mauer und sehe meine eigenen nackten Knie, meine glatte blasse Haut darüber, so wie sie aussah vor langer Zeit. Dieses penetrante Geräusch – sind das die Schwalben…? Und dieser Geruch – Staub und Thymian. Meine schaukelnden Waden streifen immer wieder die trockenen Steine der Mauer… Unsinn, das sind nicht die Schwalben. Es sind Zikadenmännchen, die eine Frau suchen. Ich weiß, dass sie sich schnell irritieren lassen, eine einzige kleine Wolke, ein winziger Windhauch genügt und sie hören auf zu singen. Aber nicht an diesem Tag. Es ist windstill, die Sonne brennt und ihr Geschrei ist ohrenbetäubend. Die Beine lasse ich zu Ende schaukeln. Ich sitze still und wehre mich nicht dagegen, dass meine Gedanken verdunsten und übers Meer getragen werden bis nach Afrika, wo sie endgültig ihre Bedeutung verlieren, falls sie vorher eine hatten. Deine Probe muss bald zu Ende sein. Wir haben keine Uhrzeit verabredet, aber ich weiß, dass du bald kommst. Die Sonne steigt höher und brennt heftiger auf meiner Haut, meine Lippen schmecken salzig. Etwas weiter weg steht eine Pappel, deren kühlender Schatten in meine Richtung fällt. Bald wird er mich erreichen, ohne dass ich mich bewegen muss. Es stimmt also nicht, dass ich nicht gerne warte. In diesem Moment zumindest kann ich mir nichts Schöneres vorstellen. Ohne die Augen zu öffnen, weiß ich, dass du auf dem Weg bist. Du hast dein Kostüm ordentlich aufhängen lassen und bist in deine eigenen, zerknitterten Hosen gestiegen und in das nicht mehr ganz weiße Leinenhemd, dessen fehlenden Knopf am Kragen ich mich geweigert habe wieder anzunähen. Während der Probe im kühlen Gewölbekeller hast du das brennende Licht draußen vergessen und die Mittagssonne unterschätzt, die dir jetzt mit Wucht entgegenschlägt, als du die Stufen hinaufsteigst. Eidechsen fliehen vor deinen taumelnden Schritten. Aus dem Straßencafé werden Wellen von Tabak, Pastis und frischem Pfefferminztee herangetragen, die im Vorbeigehen verebben. Die Hitze dämpft und verschluckt alle Worte, träge geäußert wie der arabische Gruß deines Freundes, der dir auf dem Platz begegnet und dem du erwiderst: A'laikum salam. Du kommst näher und noch immer brauche ich nicht die Augen zu öffnen, um mir dessen sicher zu sein. Ich halte meine Lider geschlossen, bis du vor mir stehst und deinen Schatten auf mich wirfst. Deine Haut ist kühl im Vergleich zu meiner. Wir setzen uns in das Straßencafé, an den einzigen freien Tisch.

Der Kellner kommt mit Karten, er hat eine Karaffe dabei und wie immer eine erloschene Zigarette im Mundwinkel. Er gießt besonnen Wasser in die Gläser. Wir leeren sie in einem einzigen durstigen Zug.

Der Mann, der Fabio heißt, hat einen Arm um mich gelegt. Ich sehe ihn erstaunt an, er hält mir ein Taschentuch hin. Ich greife danach und entferne hastig die Tränenspuren aus meinem Gesicht. Er nimmt mich sanft an der Schulter und führt mich in das ungemütliche Café am Eingang des Terminals. »Mögen Sie eine heiße Schokolade?«, fragt er mich und ich nicke schwach. Er freut sich über meine Zustimmung, lässt seinen schweren Rucksack neben mir stehen und stellt sich in die Schlange, die sich vor der Kuchentheke aufgebaut hat. Während er auf die Getränke wartet, schäkert er auf Portugiesisch mit der Servicekraft. Vielleicht ist er doch ganz in Ordnung.

Es ist 1957, das zehnte Jubiläum des Theaterfestivals von Avignon. Ich erinnere mich nicht daran, was wir in dem Café essen. Viel kann es nicht sein, bei diesen Temperaturen. Du fragst mich, ob ich im Herbst mit dir nach Paris kommen will. Ja natürlich, sage ich gelassen, ohne mir darüber Gedanken zu machen, denn bis zum Herbst sind es noch Jahre.

Wir reden über dein Stück und über meine Pläne, aber alles interessiert mich weniger als die Frage, warum du zwei so unterschiedliche Augen hast, ein mandelförmiges, waldbodengrünes und eines, das runder ist und espressobraun.

Fabio kommt mit den Tassen zurück. Er stellt eine kleine Badewanne mit heißem Kakao vor mir auf den Tisch. Er selbst trinkt einen Kaffee, versteckt unter Bergen von Milchschaum.

Beim Umrühren bekommt der Schaum braune Streifen. Er wartet auf meine Geschichte. Zögernd biete ich ihm Versatzstücke aus meinem Leben an. Sie sind zusammenhangslos und willkürlich herausgegriffen, und trotzdem nickt er, als würde er verstehen. Als wir zur RER gehen, habe ich das Gefühl, dass wir uns nun nicht mehr fremd sind. Aber ob das wohl stimmt? Damals glaubte ich, dich zu kennen und kannte dich kaum. Je länger ich dich tatsächlich kannte, desto mehr dunkle Stellen taten sich auf, Geheimnisse, die mit der Zeit immer größer wurden anstatt kleiner. Ich weiß nicht, wie du wirklich warst und hätte ich noch weitere fünfzig Jahre mit dir verbracht, so hätte ich es trotzdem nicht gewusst. Dagegen kann man nichts tun, hättest du gesagt und gelacht. Und ich hätte dir ausnahmsweise Recht geben müssen.

Kristof Magnusson

Überfrierende Nässe

Ich starrte die gelbe Ampel an und tat nichts. Für ein, zwei Sekunden, ein kurzes zögerndes Vielleicht, ließ ich den Fuß einfach auf dem Gas und sah die Ampel näherkommen. Dann riss ich den Fuß so abrupt nach oben, dass ein Ruck durch das Auto ging, der mich nach vorne gegen den Gurt warf, erst kurz, dann noch einmal länger, kräftiger, als ich auf die Bremse trat. Ich war kein Raser. Im Gegenteil: Sobald ich mich in mein Auto setzte, hatte ich das Gefühl, um Jahrzehnte zu altern, wurde zum vorsichtigen Rentner, der sich jeder Ampel mit derselben Scheu näherte wie eine Gazelle in der Savanne einem Wasserloch. Dann jedoch nahm ich den Fuß wieder von der Bremse und trat mit aller Kraft das Gaspedal durch, denn heute war alles anders.

Das Licht der Ampel zersprang in den geschmolzenen Schneeflocken auf meiner Windschutzscheibe in viele Punkte, gelbe Punkte, die kurz darauf rot wurden. Der Motor gab ein alarmiertes Röhren von sich.

Die Kreuzung war leer, nichts als eine große, graue Schneematschfläche, rechts Lichter, links Lichter. Instinktiv zog ich die Schultern hoch und wartete auf einen Aufprall, der natürlich nicht kam. Ich fuhr weiter und von den letzten Sekunden blieb nur ein Gefühl großer Wachheit in mir und ein kurzer Schreck bei den Autofahrern, die sich auf der die Kieler Straße querenden Ellerbeker Straße bereits in Bewegung gesetzt hatten, als ich direkt vor ihnen über die Kreuzung schoss.

»Kann ich das Radio anmachen, wir müssen unbedingt das Radio anmachen, du hast doch nichts dagegen?«

Sie hatte nichts Ungewöhnliches bemerkt. Die Ampel, das Bremsen, das Gasgeben, den röhrenden Motor, all das nahm sie mit einer naiven Sorglosigkeit hin, wie sie nur Menschen haben können, die nie selber Auto gefahren sind. Diese Sorglosigkeit hatte ich einmal bewundert. Heute war mir nur aufgefallen, mit welcher Selbstverständlichkeit sie sich angeschnallt hatte – als wollte sie mir auf diese Weise zeigen, dass ihr das Leben doch nicht völlig egal war, trotz allem, was sie sich in den letzten Jahren angetan hatte.

»Oh, du hast schon RockRadio drin. Super.«

Ich mochte RockRadio, obwohl das eigentlich ein etwas dämlicher Sender mit etwas zu lauter Rockmusik war. Besonders beim Autofahren hörte ich ihn gern, vielleicht um ein Gegengewicht zu meinem seniorenhaften Fahrstil zu schaffen. Es liefen gerade die letzten Takte eines Liedes, in dem jemand sang *Weißt du, was du mir bedeutest? Auf einem Platz in meinem Herz steht dein Name an der Wand…* Dann sagte jemand etwas von Stau auf der Autobahn und überfrierender Nässe.

Ich stellte die Scheibenwischer auf die höchste Stufe, damit sie gegen den Schnee ankamen, der schon grau und halb geschmolzen vom Himmel zu fallen schien.

»Ich mach mal lauter, ja? Heute kann man auf RockRadio 20 000 Euro gewinnen, ich bin schon ganz aufgeregt.«

Ich hatte sie seit Jahren nicht mehr gesehen, genauer gesagt, seit anderthalb Jahren. Damals hatten wir uns in einem Stehcafé getroffen, dessen unglaubliche Tristesse noch dadurch gesteigert wurde, dass es den Namen *La petite Croissanterie* trug. Es lag gegenüber einer Wurstbude am Bahnhof Elbgaustraße. Ricarda hatte mich darum geben, sie dorthin zur s-Bahn zu fahren, wie schon viele Male zuvor. Wir tranken Filterkaffee aus Plastikbechern, den sie nicht austrank, so wie ich sie noch nie einen Kaffee habe austrinken sehen, im ganzen Leben noch nicht. Damals hatte ich mir vorgenommen, sie nie mehr irgendwo hinzufahren. Im ganzen Leben nicht mehr.

»Meinst du, wir schaffen es bis halb fünf? Dann muss ich spätestens die Bahn kriegen, ich habe denen gesagt, dass ich heute noch komme und den Arbeitsvertrag unterschreibe. Dann könnte ich Montag schon anfangen. Die haben den Job extra für mich freigehalten, weil sie mit den anderen, die ihnen das Arbeitsamt geschickt hat, so unzufrieden waren. Die Kinder fragen auch immer wieder nach mir, auch jetzt noch, nach anderthalb Jahren. Der Rainer meint, das ist ein echt gutes Zeichen, das hätte er ja nicht sagen müssen.«

Vor etwas mehr als einer Stunde hatten wir uns in dem Pflegeheim wiedergetroffen, in dem meine Großmutter sich seit zehn Tagen tapfer schlug. Das Heim hatte einen dieser diskreten Namen, die Ruhe und Naturnähe suggerierten, ohne dabei Assoziationen an Verfall und Vergänglichkeit zu wecken, Fasanenhof, Tannengrund, oder so.

Meine Mutter und ihre Cousine, die meine Großmutter normalerweise betreuten, brauchten beide Urlaub, und so beschloss der Familienrat, der eigentlich nur aus meiner Mutter bestand, dass auch Großmutter Urlaub machen sollte, in eben jenem Fasanenhof oder Tannengrund, wo sie nun seit zehn Tagen mit einer Mischung aus Angst und amüsierter Verwunderung registrierte, wie fremde Menschen, die zwar alle weiß gekleidet waren, sich aber doch voneinander unterschieden, ihr Zimmer betraten, um sie zu waschen, anzuziehen oder an ihrem Gehwagen in den Speiseraum zu führen. So hatten alle Urlaub. Ich hatte ohnehin immer Urlaub, zumindest insofern, als ich in einer Urlaubsgegend wohnte. Als Literaturübersetzer war es eigentlich egal, wo ich wohnte, solange es fast nichts kostete, da bot sich Nordfriesland an, ein Dorf unweit der Nordsee zwischen Tönning und Heide, was wiederum, grob betrachtet, zwischen Hamburg und Sylt lag.

Während nun alle im Urlaub waren, bestand meine Aufgabe darin, zu Großmutter an den Hamburger Stadtrand zu fahren. Es war das Stadium, in dem sie zwar noch genau wusste, *wer* sie war, aber nicht mehr, *wo* sie war, und ich sollte sie nun täglich daran erinnern, dass sie bald wieder nach Hause käme. »Es gibt ja sonst niemanden, der es machen könnte«, hatte meine Mutter gesagt, und ich hatte ihr nicht widersprochen.

Ricarda hatte das Talent, genau in den Momenten aufzutauchen, in denen ich am wenigsten mit ihr rechnete, was ihren Auftritten eine gewisse Dramatik verlieh. Aber das bildete ich mir vielleicht auch nur ein und die Momente wurden erst durch ihr Auftreten für mich dramatisch. Auf jeden Fall blieb ich vor Schreck in der Tür zu Großmutters Zimmer stehen, mit einem Gefühl im Magen, nicht unähnlich dem, das sich einstellte, als ich kaum eine Stunde später bei rot über die Kreuzung raste. Da saß also meine Schwester. Sie trug eine Schirmmütze von den New York Yankees, weshalb ich dachte, dass irgendwas mit ihrem Haar wäre, und trug einen Pullover, der es mir unmöglich machte zu erkennen, ob sie gerade zu dünn oder zu dick war.

Mein erster Gedanke war, ob sie Großmutter etwas stehlen wollte. Ich war mir nicht sicher, ob sie das wollte, war mir eigentlich sogar viel zu sicher, dass sie das nicht wollte, aber nach dem, was in den letzten fünfzehn Jahren alles passiert war, hatte ich mich daran gewöhnt, automatisch mit dem Schlimmsten zu rechnen, so absurd es in diesem Fall auch war, denn natürlich hatte Großmutter kein Bargeld hier.

»Schrecklich, wie Oma abgebaut hat, seit ich sie das letzte Mal gesehen habe. Sie hat mich gar nicht erkannt«, sagte Ricarda, als wir nun im Auto saßen. Ich bezweifelte, dass Großmutter sie sonst überhaupt hereingelassen hätte, sagte aber nichts und sah auf die Straße.

»Dagegen habe ich es ja eigentlich noch ganz gut, so alles in allem. In Moorrege sind alle stolz auf mich. Rainer sagt, ich habe eine sehr gute Prognose. Und nach einem Jahr hat man das Schlimmste ja auch hinter sich. Von denen, die mit mir zusammen die Therapie angefangen haben, sind nur noch drei da. Ich, die Jenny, der Georg – am Anfang waren wir elf, und von uns Dreien habe ich die beste Prognose.«

Ihr Telefon klingelte. Es war ein einstimmiger Klingelton, der so fiepsig klang, als käme er aus einer Musik-Grußkarte, ausgerechnet *Für Elise.* Elise war Ricardas zweiter Vorname, und sie muss ungefähr zwölf gewesen sein, als sie sich in den Kopf gesetzt hatte, dieses Stück auf dem Klavier zu spielen. Die

Klavierlehrerin war dagegen, hielt es für zu schwer, doch Ricarda ließ nicht locker. Die Lehrerin blieb hart, als meine Schwester immer wieder bettelte, gab aber nach, als Ricarda schließlich in einer Klavierstunde einen Heulkrampf bekam. Seitdem spielte meine Schwester nichts anderes mehr als Beethovens *Für Elise.* Da ich nach den Erfahrungen mit Ricarda nicht nur immer mit dem Schlimmsten rechnete, sondern auch hinter allem eine manipulative Absicht vermutete, kam mir der Verdacht, dass sie sich diesen Klingelton nur ausgesucht hatte, damit ich mich an diese Zeit erinnerte; die Zeit, von der wir heute sagen, es sei die Zeit gewesen, als noch alles in Ordnung war. Erst später kam es mir merkwürdig vor, dass sie immer, wenn sie Klavier spielte, *Für Elise* spielte und das linke Pedal dabei in einem Akt pianistischer Notwehr so exzessiv trat, dass Melodie und Begleitung zu einem einzigen Brei wurden.

»RockRadio 95.8 – der Sender, der dich reich und glücklich macht? Ach du. Nein. Ich will was gewinnen. Ja, hab ich dabei, mein Bruder fährt mich grad zur S-Bahn. Ich ruf dich zurück. Ciao.« Sie legte auf und sagte zu mir: »Ich habe eine SMS an RockRadio geschickt.« Wenn die mich anrufen, muss ich mich nur noch mit diesem Spruch melden, dann habe ich 20 000 Euro gewonnen, das wäre doch der Wahnsinn, die rufen mich an, ich hab's im Gefühl. Weil heute nämlich mein Glückstag ist. Wir haben uns getroffen, ich unterschreibe meinen Arbeitsvertrag, und in Moorrege sind alle stolz auf mich. 20 000 Euro, stell dir das mal vor. Wenn ich gewinne, gebe ich dir die Hälfte ab.«

Ich spürte, dass sie mich anschaute, sah jedoch weiterhin nach vorn. Ein Bus stand in einer Haltebucht und blinkte links. Ich gab Gas, er fuhr an, drehte in die Fahrspur hinein. Auf RockRadio lief ein Lied, das ich nicht kannte, ich dachte an den Moderator, der von überfrierender Nässe gesprochen hatte und gab noch mehr Gas. Der Bus hielt und ließ mich vorbei. Wenn Ricarda überhaupt merkte, dass ich zu schnell fuhr, dachte sie bestimmt, dass ich dafür sorgen wollte, dass sie rechtzeitig zur s-Bahn kam, dabei ging es mir nur um eins: Sie möglichst schnell aus dem Auto zu haben.

Die Scheibenwischer schoben die Schneeflocken zu einem Matsch zusammen. Eigentlich taten sie genau das, was ich mit meinen Gefühlen gegenüber Ricarda machte: Ich matschte alles zusammen: Die Hoffnung, die Wut, die Angst, die Trauer, so lange, bis mich gar nichts mehr aufregte, weil alle Gefühle zu einem grauen Einerlei geworden waren, für das ich noch nicht einmal einen Namen hatte.

»Jetzt was gewinnen, das wäre perfekt. Seit über einem Jahr habe ich nichts mehr genommen. Ich kann mir endlich wieder eine Wohnung suchen. Und von dem Geld dann sogar einrichten. Aber dir gebe ich natürlich auch was ab, und Oma müsste ich auch was zurückgeben, für all die Jahre, in denen sie mir das Studium finanziert hat. Der Rainer hat gesagt, den Alltag zu meistern ist das Schwerste. Mit dem Stress zurechtzukommen, der natürlich immer für Suchtdruck sorgt. Kuck mal, da ist eine Wohnung frei. Wie läuft's denn mit dem Übersetzen?«

Erleichtert sah ich das Schild *Auf Wiedersehen in Schleswig-Holstein* auf mich zukommen und versuchte auf dem kleinen Stück Landstraße bis zu dem roten Schild *Freie und Hansestadt Hamburg* so schnell wie möglich zu werden.

»Wenn ich meine Wohnung habe, lade ich dich als Allerersten zu mir ein. Mit Mama und Papa. Ich habe noch gar nicht erzählt, dass ich eine Ausbildung zur Suchttherapeutin machen will. Wer sollte das besser können als ich? Ich weiß doch, wie Abhängige sich fühlen, die Schuldgefühle, die Depressionen, die die haben, wenn sie sich nicht mehr dauernd betäuben und nicht mehr verdrängen können, was sie sich angetan haben. Und ihrem Umfeld natürlich auch. Der Rainer meint auch, das ist eine gute Idee, nach vorne schauen, da muss ich jetzt ganz an mich selber denken.«

Ich überlegte, wann sich bei uns zu Hause zum ersten Mal das Gefühl eingestellt hatte, dass das, was meine Schwester tat, mehr war als das normale studentische Partyleben. Sie war damals im vierten Semester gewesen und brauchte einen Schein in Linguistik, für den sie ein Referat darüber halten musste, wie Leute im Fernsehen redeten. Ich wusste damals noch nicht, was Linguistik war. Wenn ich dieses Wort höre, denke ich bis heute an Ricarda, die sich meinen Kassettenrekorder ausgeliehen hatte, das eingebaute Mikro an den Lautsprecher unseres Fernsehers hielt und mitschnitt, wie sich Uta Ranke-Heinemann und, glaube ich, Falco über Empfängnisverhütung stritten. Ich war der Linguistik dankbar, weil sie dafür sorgte, dass Ricarda mal wieder zu Besuch kam, denn seit sie mit ihrem damaligen Freund zusammengezogen war, sahen wir sie kaum noch. Eine Leerkassette hatte sie natürlich nicht mitgebracht, so dass wir eine überspielten, auf der ich Lieder aus dem Radio aufgenommen hatte, doch ich gab sie ihr gern. Ich war stolz auf sie, weil sie studierte und sich mit Fragen beschäftigte, die ich mir noch nie gestellt hatte, zum Beispiel die Frage, wie man eben so redet.

Als sie nach dem Ende der Talkshow eilig die Kassette einsteckte und mein Vater wieder nach Hause gekommen war, nachdem er sie zum s-Bahnhof Elbgaustraße gefahren hatte, fragte meine Mutter ihn: »Hat sie vorhin wirklich gesagt, sie geht auf die Party eines *Kommilitoren*?« Seitdem hatten meine Eltern den Verdacht, dass Ricarda sich nicht allzu viel an der Uni aufhielt. Bald darauf fuhren wir zum ersten Mal aufs Land, um Ricarda zu besuchen. Erst fuhr ich mit meinen Eltern zusammen, nachdem ich Autofahren durfte, auch allein. Über die Jahre hinweg habe ich so viel gesehen, dass ich eine Art Varta-Führer oder ADAC-Bildatlas schreiben könnte: *Deutschlands schönste Entzugskliniken*. Diese Einrichtungen hatten erstaunlich viel gemeinsam. Sie waren alle schön gelegen, in der Nähe gab es immer Bauernhöfe und nie Kneipen, Grillimbisse oder Tankstellen und erst recht keine Bushaltestellen. Es gab Entgiftungsphasen mit Kontaktsperre, stationäre Phasen, ambulante Übergangsphasen, Nachsorgegruppen. Ich lernte Worte wie Methadon, Subutex, Ausschleichen, und als das Thema im Sozialkundeunterricht drankam, kannte ich als einziger die Worte Barbiturate und Amphetamine. Und Linguistik. Die Therapeuten hießen erstaunlich oft Rainer oder auch Andi oder Wolle, und auch die Namen der Einrichtungen ähnelten sich, wenngleich sie sachlicher klangen als Fasanenhof oder Tannengrund und jegliche Beschönigung vermieden: Haus Parber, Haus Breklund oder eben Fachklinik Moorrege, wo sie jetzt war, doch da hatte ich sie zum ersten Mal nicht besucht, weil ich beschlossen hatte, dass irgendetwas anders werden musste – alle Therapien, bei denen ich sie besucht hatte, waren erfolglos gewesen.

Das Telefon spielte erneut *Für Elise.*

»RockRadio 95.8 – der Sender, der dich reich und glücklich macht? Tut mir leid, aber ich muss grad die Leitung freihalten. Ich ruf dich zurück, ja, bis heute Abend. Ciao.« Sie legte auf. »Ich weiß, dass es klappen wird. Heute ist mein Glückstag, ich weiß es, ich weiß es. Sonst hätte die LVA ja gar nicht noch mal diese Langzeittherapie genehmigt, wenn die nicht an mich glauben würden. Und das Geld, Mensch Jackie, wär das nicht toll? Dann müsstest du mich nie wieder fahren. Als Allererstes mache ich den Führerschein und kauf mir ein Auto.«

Ich hieß Jakob. Jackie hatte sie mich genannt, als ich noch ein Kind war und sie schon erwachsen. Sie musste mich unbedingt daran erinnern, das hatte sie nun geschafft, genau, wie sie es geschafft hatte, dass ich durch diese Stadt raste, damit sie eine s-Bahn erreichte, die sie nie bekommen hätte, wenn wir uns nicht durch Zufall getroffen hätten. »Ricarda, nenn mich bitte nicht…«

Für Elise erklang abermals, doch diesmal musste sie das Telefon in der Hand behalten haben, denn schon bevor das Thema einmal erklungen war, nahm sie ab und sagte:

»Hallo, hier ist Ricarda?« Dann sagte sie laut: »Oh nein!«. Es war wie ein Faustschlag in meinen Magen. Der Spruch, warum hatte ich sie nicht daran erinnert? Vielleicht wäre das wirklich ihre Chance gewesen, der große Knall, nach dem alles anders wäre. Natürlich war das naiv, aber…

»Ach du bist es, ein Glück. Ich dachte schon, ich hätte wieder mal alles versaut. Erkläre ich dir später. Ich ruf dich zurück. Ciao.«

»Das war knapp«, sagte sie und lachte. Das konnte sie also immer noch. So ansteckend lachen, dass auch ich für einen Moment gute Laune bekam und mir sicher war, es müsse ihr sehr, sehr gut gehen, bevor mir einfiel, was für eine gute Schauspielerin sie schon immer gewesen war. Nicht zuletzt dann, wenn sie anderen Leuten das Gefühl geben wollte, dass sie es in der Hand hätten, ihrem Leben eine entscheidende Wendung zu geben. Das habe ich gelernt in den letzten fünfzehn Jahren: Abhängige sind nicht faul. Um sich auf die Drogenbeschaffung konzentrieren zu können, musste Ricarda ein Netzwerk aus Angehörigen am Laufen halten, das sich um alles andere kümmerte: Lügen bestätigte, Formulare ausfüllte, Rechnungen bezahlte, sie zu irgendwelchen Ämtern fuhr, die allesamt in der Nähe des Hauptbahnhofs lagen. Mich beeindruckte die soziale Intelligenz, mit der sie dieses Netzwerk am Laufen hielt wie eine kleine Firma, die Süchtige als Teamleiterin, die genau wusste, wie sie welchen ihrer Mitarbeiter am besten motivierte, mit Schuld, Dreistigkeit, Hoffnung, echter oder vorgespielter Hilflosigkeit.

»Ich habe denen auf der Arbeit ganz ehrlich erzählt, warum ich damals nicht mehr gekommen bin. Rückfall. Ab jetzt will ich die Wahrheit sagen. Suchtkrank zu sein ist ja keine Schande. Und es waren ja schließlich die, die damals den Fehler gemacht haben und mir statt für einen Monat gleich das Geld für drei Monate überwiesen haben. Das war einfach zu viel auf einmal, da konnte ich nicht mit umgehen damals, vor anderthalb Jahren.«

Ich zögerte keinen Moment, als ich die roten Lichter vor mir sah, ich trat auf die Bremse, mit aller Kraft. Der Wagen rutschte weniger als ich befürchtet hatte, und kam kurz vor den zwei hell aufleuchtenden Bremslichtern zum Stehen. Alles stand. Ich sah auf das Auto vor mir und versuchte zu erraten, wann sich der Heckscheibenwischer das nächste Mal in Bewegung setzen würde: hin, zurück, Ruhe; hin, zurück, Ruhe.

Die Ampel wurde grün, doch ehe mein Vordermann losfahren konnte, auch schon wieder rot. In den kommenden zwei Ampelphasen schafften wir es von vor dem Baumarkt, bis zwischen Baumarkt und Tankstelle. Mir fiel ein Gedankenexperiment ein, das zeigte, dass Dinge immer mehr werden können, ohne jemals richtig viel zu werden. Wenn man zum Beispiel einen Euro hatte und nach einer Minute die Hälfte dazu bekam, in der nächsten Minute dann die Hälfte von der Hälfte und so weiter, wurde man zwar immer reicher, konnte von dem Geld aber trotzdem nie ein Bier in einer Kneipe trinken, außer in einer sehr billigen Kneipe. Wir kamen mit dem Auto zwar auch voran, aber immer langsamer, und ich bekam das Gefühl, dass wir den s-Bahnhof nie erreichen würden.

»Weißt du, Jackie, jetzt zu gewinnen, das wäre ein Zeichen von Gott. Dass ich es diesmal wirklich schaffen werde. Als Rainer gesagt hat, ich hätte die beste Prognose, dachte ich natürlich sofort, dass er das jedem sagt, so als Motivation. Aber dann habe ich die anderen gefragt, und zu denen hat er das nicht gesagt. Kannst sie gerne fragen. Von den 20 000 Euro könnte ich dann leben, während ich die Ausbildung zur Suchttherapeutin mache und noch die Wohnung einrichten. Endlich mal wieder eine richtige Wohnung, für den Führerschein und das Auto bleibt da bestimmt noch was übrig. Und den Rest spende ich an Insel e.V., zum Dank. Ich möchte gar nicht dran denken, wo ich ohne die wäre. Und du bekommst natürlich auch was, du kannst das doch bestimmt gebrauchen, ich bin dir echt total dankbar, dass du mich fährst. Was für ein Glück, dass wir uns getroffen haben. Und dass du den Führerschein schon zurückhast, wo du ihn doch damals nach dieser Party…«

Diesmal konnte ich es schaffen. Ich gab Gas, rutschte noch bei Gelb auf die Kreuzung, und die Autos vor mir bewegten sich so weit nach vorn, dass ich auf den Rechtsabbieger kam, erwischte den grünen Pfeil und bog in die Straße ein, die so hieß wie der s-Bahnhof. Elbgaustraße – dass dieses Wort mir einmal wie ein Sinnbild von Freiheit erscheinen würde, hätte ich nie gedacht. Ich konnte das erleuchtete runde Schild mit dem weißen ›s‹ auf grünem Grund schon sehen.

»Du hast es echt verdient, dass ich dir was abgebe, du hast mich so oft besucht, mir geholfen, mich gefahren…«

Für Elise. E-dis-e-dis-e… Ricarda nahm ab: »Rock-Radio 95.8 – der Sender, der dich reich und glücklich macht?«.

Ich hörte die Stimme meiner Schwester neben mir. Und im Radio. Der Moderator, auf den ich in den letzten Minuten gar nicht geachtet hatte, fragte, wer da sei, sie sagte:

»Hier ist Ricki«, und die Stimme im Radio sagte:

»Hier ist Jörn Malte von RockRadio.«

»Wahnsinn, Wahnsinn, Wahnsinn«, sie krallte die Finger ihrer freien Hand in meinen Oberschenkel. »Ich hab's gewusst.«

»Ja, Ricki, willst du die 20 000 Euro?«

»Das ist der Wahnsinn!«

»Dann musst du nur noch unsere RockRadio-Musikfrage beantworten.«

»Oh. Ja, klar.«

»Welche Band, die auch heute schon mehrfach hier gelaufen ist, präsentiert heute Abend ihr neues Album in der Großen Freiheit?«

Ich spürte ihre Fingernägel durch meine Jeans, hielt auf der Busspur und dachte an die vielen Autofahrten in den letzten Tagen, zu meiner Großmutter an den Stadtrand und zurück an die Nordsee, immer mit RockRadio. Dann zuckte ich mit den Schultern.

»Zwei Sekunden hast du noch, Ricki.«

»Michael Jackson.«

»Hey, wir sind ein Rocksender«, sagte Jörn Malte. »Ich geb dir'n Tipp. Deutschsprachig.«

»Deutsch, deutsch, die Ärzte«, sagte sie, doch aus dem Radio kam nur die Einspielung eines mitleidig stöhnenden Publikums vom Band.

»Schade, Ricki.«

»Warte…«

»Aber wenn du in der Leitung bleibst und uns sagst, wo du wohnst, schicken wir dir unseren RockRadio-Kaffeebecher und unser RockRadio-Strandhandtuch.«

»Ich hab's. Die Toten Hosen«, sagte Ricarda, doch das hörte ich nur noch hier im Auto, im Radio nicht mehr. Ich schaltete aus, Ricarda legte auf. Dann sah ich sie zum ersten Mal an, seit wir losgefahren waren. Sah die Haare unter der Mütze, das stark geschminkte, immer noch faltenlose Gesicht. Den Motor ließ ich laufen.

»Mann, da hat man einmal eine Chance und dann stellen die so 'ne schwere Frage. Aber sie haben ja immerhin angerufen, heute ist also wirklich mein Glückstag. Wir haben es rechtzeitig zur s-Bahn geschafft, ich geh jetzt den Arbeitsvertrag unterschreiben und nächste Woche geht's auf Wohnungssuche. Du bist der beste Bruder der Welt.«

Sie schnallte sich ab, stieg aus und verschwand zwischen der Würstchenbude und dem Stehcafé *La petite Croissanterie* in der Unterführung. Ich fuhr an, langsamer als nötig, und wendete. *Tomte* hätte die Band geheißen.

Marica Bodrožić

Nirgendwo Liebe, aber Augustlicht

Es ist nichts, habe ich gesagt, zu mir selbst habe ich das gesagt. Die Wahrheit wollte ich nicht erzählen, auch mir selbst nicht. Vater hatte dieses Blut an den Händen, er hatte es immer an den Händen, wenn er aus dem Stall kam. Im Herbst blieb das Blut unter seinen Fingernägeln, bis in den Winter hinein. Ich habe immer geglaubt, dass es von der Schlachtung der Tiere herrührte. Mutter legte ihm jeden Abend eine kleine Bürste hin, er sollte sich damit das Blut unter den Nägeln wegbürsten. Als ich das erste Mal den angsterfüllten Blick meiner Mutter sah, im Badezimmer, wie sie hinter dem Vater stand, auf die Fingernägel schaute, mit einer Art Stille, die wie eine Sense im Raum hing, da wusste ich, dass etwas mit dem Blut nicht stimmte.

Ich bin an jenem Abend zu den Stallungen gegangen, habe dem Pferd einen Kuss gegeben, direkt auf seinen Kopf, den es mir wie ein Geschenk hingehalten hatte und ich habe die Tiere gezählt, alle Tiere, auch die kleinen Katzen, auf dem Rückweg. Ich wusste nicht, warum es mir schwindelig war, aber so schwindelig war es mir noch nie im Leben. Das Pferd wieherte, die Wärme der anderen Tierkörper stand in der Luft, eine Wärme war es, die wie zum Abschöpfen den Raum erfüllte. Schweiß hatte sich dazwischengemischt, eine Art Wissen der Tiere. Immer wieder zählte ich auf dem Weg von den Stallungen zum Haus im Kopf die Katzen. Waren es zwölf oder doch nur zehn? Ich konnte mich nicht mehr erinnern, es liefen uns immer Katzen zu, viele, manchmal fünf an einem Tag. Sie brachten andere mit, Tage später schienen neue Katzen die Spur ihrer anderen Katzenfreundinnen aufgenommen zu haben und auf dem Hof gab es ein großes Katzendurcheinander, schimmernde Felle, ein Augenleuchten neben dem anderen, mitten im Sommer, so viele Sonnen, neue Weichheiten, das Surren der Automobile und nirgendwo Liebe, aber Augustlicht. Dann gingen einige der Katzen wieder fort, als seien sie nur Botschafterinnen des Sommers gewesen.

Welche List Vater anwandte und wie er uns alle mit dieser List täuschte, ich weiß es nicht, ich werde es nie erfahren. Aber manchmal entglitt ihm sein Gesicht und etwas an den Wangen schien sich derart schrecklich zu verschieben, dass ich Angst vor ihm bekam, Angst, vor dem Brotmesser, das er wie einen heiligen Gegenstand in seinen schwieligen Händen hielt. Einmal fing er meinen Blick auf und sah, dass ich sah, wusste, dass ich wusste. Etwas war ihm zugestoßen, sein Gesicht öffnete sich wie ein Zimmer, in das man hineingehen konnte. Mir war wieder schwindelig. Am alten Holztisch hielt ich mich fest. Er kam auf mich zu und für Sekunden glaubte ich, er würde das Messer einfach in mich stoßen, mitten in mein Gesicht, vielleicht würden meine Augen dabei kaputtgehen, schon allein aus Angst. Aber als ich seine Hand genauer ansah, war gar kein Messer mehr da, nur die Schwielen, die sah man immer, auch in der Nacht. Beim Abendessen sagte Mutter, sie habe alle Katzen gezählt, draußen auf dem Hof und auch unten im Stall. Ich hielt inne, mein Herz klopfte so laut, dass ich glaubte, alle am Tisch könnten das laut klopfende Herz hören. Vater lachte, löffelte die Suppe und sagte dann plötzlich etwas, dass mir das Blut in den Adern gefrieren ließ. Er sagte, Katzen sind schön, weil sie sich nicht wehren können, wenn du sie erst mal in deiner Hand hast, dann ist es aus mit dem großen Katzenstolz.

Nach dem Abendessen ging ich wieder in den Stall, ich küsste das Pferd, zählte die Tiere, die großen zuerst, dann die Katzen. Der Hund bellte, in der Ferne bellten gleich unzählige andere mit, es war immer das Gleiche mit den kopflosen Hunden, sie steckten einander immer an. Dabei weiß der eine Hund gar nicht, warum der andere bellt. Unser Hund hat immer gewusst, warum er bellte. Und ich habe es genauso wie der Hund gewusst. Einmal fing ich an, es meiner Mutter zu erzählen. Sie hörte nur den Anfang meines Satzes, drehte sich kurz um, so, dass ich glaubte, sie würde aus dem Hängeschrank etwas herausholen. Aber dann war sie wieder da, stand vor mir wie ein strafender Gott und aus der Luft zischte ihre Hand auf meinen Mund, so eine Art Schwert war ihre Hand. Sie traf mich so unvorbereitet, dass es mir schwindelte und ich beinahe nach hinten fiel. Mutter sagte, dass du das nie wieder versuchst zu sagen, du verdammte Lügnerin. Dann verschwand sie in den Garten und während sie wegging, wischte sie ihre Hand an der Kutte ab, als habe der Schlag ihr irgendeine Art von Schmutz an der Haut hinterlassen und als müsste sie diesen Schmutz, der von mir herrührte, wieder loswerden.

Ihre geblümte Kutte hatte sie immer an, schon am späten Vormittag ging sie mit ihr wie eine Chefin im Haus umher und bereitete langsam das Mittagessen zu. Um elf Uhr roch es dann im ganzen Haus schon nach Sauerkraut und da Vater gerne Schweinefüße aß, sah ich schon in diesen frühen Morgenstunden die Reste der armen Tiere in den großen Töpfen ruhen. Die Töpfe waren ihre Gräber. Vorläufige Gräber, bevor sie ins große Grab kamen, in den dicken Bauch meines Vaters, in den so viele Tierfüße, Tierköpfe und Tiergehirne und Tiernieren hineinpassten, so schien es mir jedenfalls, wie in keinen anderen Menschen. Seit jenem Abend, an dem mein Vater auf mich zugegangen war und ich mich am alten Holztisch festgehalten hatte, sah ich genauer, was er aß.

Den ganzen Tag verbrachte er mit den Tieren und abends wollte er nie einen Salat essen, manchmal eine Suppe, das war in Ordnung. Aber eine Suppe ohne Innereien brauchte Mutter ihm gar nicht vorzusetzen. Einmal hatte sie es vergessen und eine sehr gute Kürbissuppe gekocht. Aber Vater hat nichts davon angerührt. Mit rotem Gesicht, eine Zigarette nach der anderen rauchend, hielt er seinen üblichen Monolog. Ich habe dir gesagt, dass ein Mann wie ich sich lächerlich macht, wenn er Kürbisse isst.

Das hörte ich und noch heute höre ich seine Sätze, sie kommen plötzlich bei einer Farbe, bei einem bestimmten Gesichtsausdruck zu mir zurück. Dann blitzt die Erinnerung in mir auf und die Zeiten geraten in mir durcheinander. Während alle anderen da sind, wo sie sind, bin ich immer zwischen den Zeiten gefangen, zwischen den Sätzen und jenem Ort, an dem wir lebten. Es war eine Einöde, in der selten jemand vorbeikam. Das Dorf bestand aus Steinen, Sträuchern und irgendwo, am Rande des Waldes, da stand noch eine alte Hütte, aber niemand wohnte mehr darin. Manchmal fuhren Autos vorbei, Mutter hielt sie an, um in die Stadt zu fahren, wenn sie Besorgungen machen musste, Einkäufe, sagte sie, ich muss für ihn Einkäufe machen.

Nie hatte ich das Gefühl, sie tue es auch für uns, für sie und für mich. Nur für ihn, den sie nie beim Namen nannte, stand sie an der Landstraße, auf eine Art stand sie da, als sei sie mehr ein Gegenstand als ein

Mensch. Ihr Rock flatterte im Wind, die Bluse hing unordentlich an ihr herunter, sie zupfte an sich herum, als könnte sie jetzt noch schnell ein anderer Mensch werden, eine andere Frau, die in ein fremdes Auto stieg, um in die Stadt zu gelangen. Die Stadt, das war ein Ort voller Stimmen. Vielleicht genoss sie es auch, dort zu sein. Vielleicht ging sie gar nicht sofort los, um die Einkäufe zu erledigen und hörte den Stimmen zu, ließ sich etwas erzählen, hörte all die anderen Wörter, die es da gab, in der Stadt, im Leben all der anderen, die dort lebten, spazieren gingen, zu Besuch waren. Es gab auch Wörter wie Kaffeehaus, Strand-Bar, Apfelkuchen, Liebeshunger, Palmen, Schatten, Orangenwasser, Kaffee, Bitter Lemon, Quittengelee.

Was auch immer meine Mutter in der Stadt zu hören bekam, zuhause war es das übliche alte Vokabular, Kalbszunge, Rahmherz, Kaninchenhirn, Lungenhaschee, saure Leber. Rinderlebergeschnetzeltes, das mochte mein Vater am liebsten. Ich hielt die Luft an, wenn er abends seine Bestellungen bei uns machte. Er gab solche Dinge in Auftrag, dann sollte ich zu den anderen Dörfern gehen, zu Fuß, über die Hügel. So lernte ich die Stille der Landschaft kennen, so erlernte ich das einfache Gehen. Es war immer ein Fortgehen, wohin auch immer ich ging, auf welches Dorf auch immer ich zuschritt, es war immer ein Schreiten und Gehen, das mit dem Wunsch verbunden war, für immer fort zu gehen. Aber wohin? Wohin könnte ich gehen, fragte ich mich, wenn ich irgendwo an der Tür eines alten Bauern klopfte, vor allem im Herbst, wenn die kalten Winde kamen. Da wusste ich nicht, wo man in dieser Welt hätte hingehen können, ohne dabei zu sterben. Nach den Herbstschlachtungen hatten die Bauern jede Menge Innereien zu verkaufen. Manches davon wurde geräuchert, manches in den alten Steinhäusern gelagert, in Salz und Kräuter eingelegt.

Es gab aber auch drei Weiler weiter ein kleines Lädchen. Dort gaben die Dörfler das Fleisch ab, das sie verkaufen wollten. Es gab Listen, auf denen das Abgegebene verzeichnet wurde und der Ladenbesitzer, ein erstaunlich schlanker Mann, erstaunlich schlank für jemanden, der solche Dinge verkaufte, machte dann immer ein Häkchen auf der Liste. Ich nannte die Liste in Gedanken Schlaue Liste. Manchmal sah ich bei diesen kleinen Ladenaufenthalten, dass der eine oder andere Bauer so lange dort sitzen blieb, bis das Häkchen auf der Liste gemacht wurde. Dann bekam er sein Geld ausgezahlt. Wenn die Bauern mich aus der Ferne kommen sahen, schrieen sie schon, die kleine *ragazzita* kommt. Sie wussten, ich hatte einen Vaterauftrag und würde wieder mit mindestens einem Kilo Leber oder Nieren davongehen.

Manchmal bekam man im kleinen Lädchen überhaupt nichts, was meinem Vater schmeckte. Es gab nur ganz normale Salami, Käse, geräucherten, normalen und ganz frischen Käse. Kekse gab es auch oft, aus unerfindlichen Gründen englische Teekekse, die niemand kaufte, weil die Verpackung schon so schick war, dass die Dörfler sich davor fürchteten. Wenn ich an solchen Tagen mit leeren Händen nach Hause kam, redete weder Mutter noch Vater mit mir. Ich sah, wie sie beide im Stall verschwanden und die Tiere weinten danach, es war ganz sicher eine Art von Weinen, sie gaben diese lauten Geräusche von sich, dass ich Angst bekam. Das Wimmern hielt lange an und ich fühlte immer, zu welchem der Tiere es im Einzelnen gehörte. Meistens kamen sie dann mit einem blutenden Huhn zurück. Mutter trug es. Vater rauchte neben ihr und mit langsamen Schritten kamen sie auf das Haus zu. Das Eis knisterte manchmal unter ihren Füßen und aus dem Huhn dampfte es, seine letzte Wildheit kam aus ihm heraus, wie etwas Vergebliches aus dem Mund eines Menschen.

Ich sah auch manchmal die Hühner ohne Kopf über den Hof rennen. Vater klatschte in die Hände, lachte, machte Witze über das kopflose Huhn. Wie schlau diese Hühner waren, das fiel mir schon damals in der Kindheit auf. Man hatte ihnen den Kopf abgeschlagen, im Sommer meist vor dem Stall, aber sie wussten dennoch, wie sie wegrennen konnten. Irgendetwas in ihren Nerven kannte sich aus mit der Flucht. Ich liebte sie dafür, ich liebte die Tiere mehr als alles andere auf der Welt. Mutter sagte, steh' nicht so herum, hilf lieber, hier anzupacken. Ihre Hände waren voller Blut. Hühnerblut war auf eine merkwürdige Art immer heller als das Blut der anderen

Tiere. Es lief ihren Unterarm hinunter, sie merkte es nicht einmal und als sie sich damit eine Strähne aus dem Gesicht strich, blieb das Blut an ihrer Wange haften. Wie eine seltene Pflanze sah es aus, es verkrustete bis zum Abend auf ihrer Haut. Sie merkte es nicht, ich sah aber, dass das Blut Verzweigungen aufnahm, es legte sich in die kleinen Falten meiner Mutter und wurde ein Teil von ihr.

Die Axt lehnte noch blutig an dem ausgeblichenen Gatter. Sie wirkte jetzt wie ein ganz normaler Gegenstand. Das Blut war schnell eingetrocknet, ich hörte manchmal, wie der Wind sich an der schneidigen Kante abarbeitete, als wollte er sich schnell die Spuren einverleiben. Dabei wurde ich erst darauf aufmerksam, dass es wieder eine andere Axt war und ich erschrak, denn nie hatte ich irgendwo ein Axtlager auf unserem Hof entdeckt. Ich zählte die verschiedenen Äxte, die ich am unterschiedlichen Holz und an der anderen Form erkannte. Wenn uns die Hühner ausgingen, dann blieb nur noch der Weg in die Stadt, Mutter wollte neue Tiere kaufen. Sie bereitete sich am Abend darauf vor, sie sprach auf eine Weise über diesen bevorstehenden Einkauf, als wollte sie nur Nägel kaufen, einen Hammer oder neue Fliesen für den Flur. Das hätte Vater nie erlaubt. Zuerst kam sein Magen, immer hatte sein großer Magen das Vorrecht und danach erst kamen die anderen. Das Haus verfiel langsam, am Dach hätte längst etwas gemacht werden müssen. Von Großmutters Pension wurden die Dinge gekauft und als ich im Schulalter war, da kaufte man mir davon jene blaue Kutte, die zur Schuluniform gehörte. Das war eine der wenigen Ausnahmen, die auch mich in die Stadt brachten. Die Schulkutte musste anprobiert werden. Es war meine Schulkutte und also ging ich mit der Mutter zur Straße, stand da, wartete mit ihr auf ein Auto, das uns zum Einkaufszentrum in der Stadt bringen sollte. Zwei, drei Tage lang standen wir an der Landstraße und niemand kam vorbei. Ich kann nicht sagen, dass ich weinte, meine Tränen hatten sich mit der Zeit in mich verkrochen, als sei ich eine ausgetrocknete Landschaft. Aber ich hätte weinen können, wenn ich es gewollt hätte. Mir ging nicht in den Kopf, dass ausgerechnet jetzt, da ich zur Schule gehen sollte, niemand vorbeifuhr, der uns hätte mitnehmen können. Aber dann kam plötzlich doch ein Bus vorbei, ein richtiger Bus, es saßen schon andere Menschen darin. Morgens um sechs waren wir aufgestanden. Es stellte sich heraus, dass der Bus immer fuhr, aber die Fahrkarte etwas Geld kostete, das meine Mutter für das Essen sparen wollte. Deshalb stand sie immer an der Straße und wartete darauf, dass man sie mitnahm. Jetzt trug Mutter eine schöne Bluse und in der Stadt wurde sie mir fremder als irgendein anderer Mensch.

Nicht, dass mir Mutter nicht schon viel früher fremd vorgekommen wäre, aber hier, in den kleinen Gassen und neben den vielen bunten Tischen der weit geöffneten Kaffeehäuser, sah sie aus wie ein richtiger Mensch. Es war eine andere Art von Fremdheit, so hatte ich sie noch nie gesehen. Sie lächelte, meine Mutter lächelte und sie wurde sogar von einem Wirt, der gerade an der Tür stand und zur Sonne hinschaute, sehr freundlich begrüßt. Ich rätselte, woher meine Mutter diesen Mann kannte. Aber auf dem Markt spitzte das Ganze sich zu, es grüßte sie jeder, ausnahmslos jeder, alle Frauen, alle Männer, die dort Paprika, Tomaten oder geräucherten Schinken verkauften, schienen in ihr eine alte Bekannte zu haben. Ich wagte nicht, Mutter auszufragen. Wie immer entschied ich mich nur für das Beobachten. Sie hatte sonst die Angewohnheit, mir eine Ohrfeige zu geben, die mich sehr schwanken ließ. Ihre Ohrfeigen erledigte sie so, als würde sie ein Tier bewusstlos schlagen, bevor sie ihm die Kehle durchschnitt. Nur mit der flachen Hand hätte sie damit keinen Erfolg gehabt, sie nahm ihren ganze Arm dafür zur Hilfe, holte aus, der Wind pfiff dabei irgendwie seitwärts weg, an ihren Armen vorbei, der Unterarm landete dann wie ein getrockneter Maiskolben auf meinem Körper. Es knackte immer irgendein Knochen. Ich wusste nie, ob es einer meiner Knochen oder einer ihrer Knochen war. Denn jede von uns hatte eigene Knochen, wie jeder andere auch, der am Leben war. Oberhalb des Marktes befand sich das Kaufhaus. Wir gingen hinein und gleich in den zweiten Stock. Dort hingen hunderte von blauen Kutten, ich durfte mir eine aussuchen und nahm die billigste. Wortlos gingen wir zur Kasse und verließen das Kaufhaus ohne einander angesehen zu haben. Hier wurde meine

Mutter von niemandem gegrüßt. Wie gerne wäre ich bei den Lippenstiften und bei den Musikkassetten stehen geblieben, die im Erdgeschoss angeboten wurden. Es gab auch viele Blusen dort, sehr bunte und auch einfarbige, durchsichtige und solche, die fast gestrickt aussahen. Eine Verkäuferin mit roten Lippen stand an der Kasse, sie trug ein violettfarbenes Kleid. Ich weiß nicht, ob es Seide war, aber ich sagte zu mir im Stillen, dass es nichts anderes sein konnte als Seide. Ich träumte von dem violetten Kleid und davon, dass die Frau, die es trug, eines Tages vorbeikommen, sich als meine Mutter vorstellen und es mir schenken würde.

Sie kaufte alles, was Vater ihr in Auftrag gegeben hatte, sie fand es auf dem Markt und in den umliegenden Geschäften. Schweinehirn, Rinderzungen und Rinderleber, Schafsfüße, Ziegennieren und Pferdeherz standen auf der Liste, auch Lämmchenköpfe, die wohl wegen der Augen.

Als wir ins Dorf zurückkamen, regnete es, ein sachter stiller Regen, der sich tropfenweise auf die Grashalme legte, so, dass man die Tropfen zählen konnte. Obwohl Vater nun alle seine Lieblingsspeisen hatte, wollte er nun doch lieber Schnecken braten. Er schickte mich in den Garten. Er sagte, unter zwanzig Stück brauchst du gar nicht ins Haus zu kommen, mindestens zwanzig musst du finden. Immer, wenn der Regen aufgehört hatte, schickte er mich zum Schneckensammeln hinaus in den Garten. Manchmal regnete es zwischendurch während ich draußen war, ich sah, was für ein tiefes Grün das Gras annehmen konnte. Wenn es stundenlang geregnet hatte, kippte an manchen Blättern, vor allem an den Linden, etwas im Fluss, als habe sie gerade ein Maler gemalt und ich hoffte, dass sich im umgekippten Farbgraben alle Schnecken verstecken würden, damit ich sie nicht sehe, nicht finde, nicht zur Bratpfanne tragen muss. Das Gras veränderte dann bei jedem meiner Schritte immer seine Farbe, so viele Grüntöne wie damals beim Schneckensammeln habe ich nie wieder gesehen. Anfangs, als Vater mich das erste Mal zum Schneckensammeln nach draußen geschickt hatte, ging ich voller Eifer ans Werk. Ich weiß bis heute nicht, warum ich nicht verstanden habe, dass mein Vater die Schnecken nicht nur anschauen wollte, sondern essen, also im heißen Öl braten wollte, dass die Schnecken zischen würden, vor Schmerz, dachte ich dann, als ich sah, was mit ihnen geschah. Als ich es laut aussprach, lachte mein Vater rotgesichtig vor sich hin. Das ist doch nur das Wasser, sagte er. Aber es hört sich an wie ein Wimmern, sagte ich. So ein Unsinn, sagte er und sah dabei immer auf die Pfanne.

Ich rannte in den Garten und weinte. Die scheuen Schnecken hatten mir vertraut und ich war es, die sie ausgeliefert hatte, direkt in diese Bratpfanne hatte ich sie gebracht und es half nichts, es hatte nichts geholfen, nie, dass ich mich das Mal darauf geweigert habe, noch mehr und je wieder Schnecken zu sammeln. Ich möchte das nicht mehr, sagte ich leise, auf die Spitzen meiner Schuhe schauend und als ich wieder hochsah, kam die große schwielige Hand meines Vaters auf mich zugeschossen wie eine noch unbekannte Waffe aus der Luft. In meinem rechten Ohr schien etwas zu explodieren. Ich sah zur Mutter. Sie sah mich an, als sei nichts geschehen und ich senkte den Kopf, so tief wie ich ihn nur tief senken konnte. Und schwieg.

Die nächsten Male, wenn er mich zum Schneckensammeln schickte, hielt ich mich an Gebete, so fest ich nur konnte, wie an einem Baum hielt ich mich an ihnen fest. Ich betete laut und leise und manchmal sang ich die Worte, bitte lieber Gott, gib, dass alle Schnecken verschwunden sind, dass sie in einem anderen Garten leben, in einem Garten, in dem man sie Schnecken sein lässt und nicht etwas, das ich für Vaters Bratpfanne finden muss. Aber ich musste welche finden und ich hasste mich dafür, dass ich gehorchte, hasste mich dafür, dass ich nicht mutig genug war, die Anwesenheit der Schnecken in unserem Garten zu verschweigen, sie einfach zu unterschlagen. Ich hatte Angst, dass Vater den Garten kontrollieren und sofort sehen würde, dass ich gelogen hatte, dass ich ihn absichtsvoll betrogen hatte und ich entschied mich für mein und gegen das Leben der Schnecken.

Das Zischeln der Schneckenleiber in der großen gusseisernen Pfanne versetze mich danach regelmäßig in innere Panik. Es hörte sich jedes Mal noch schlimmer an als das Mal davor. Vater ließ mich jetzt auch immer das Feuer legen, es zischelte unten im Ofen, während oben die Schnecken der Hitze und dem brodelnden Öl zum Opfer fielen. Der Sommer ging in jenem Jahr so schnell vorbei wie noch nie, als sei er ein Dieb auf der Flucht. Hatte sogar der Sommer etwas gegen mich?

Die schönen hellen Augusttage waren vorbei, noch bevor ich sie richtig genossen hatte. Mir war es schwer ums Herz, so schwer, als hätte ich einen Freund verloren, der zu mir gehört hatte, mir beigestanden und mir geholfen hatte, durch die dunklen Tage hindurch zu sehen, durch die zählbaren Geister der Nacht, durch die bösen Wörter und Dinge. Schon im Juli war Vater immer hinter dem Haus verschwunden, war auf die Landstraße getreten und langsamen Schrittes gegangen, wohin, das wusste ich damals nicht. Ich sah nur, dass seine Schritte langsamer als sonst waren, von der Terrasse aus sah ich ihm nach und zitterte am ganzen Körper. Irgendetwas an der Art, wie er für mich Schritt für Schritt ein Fremder wurde, je weiter er ging, machte meinen Blick frei und ich sah jetzt, dass er eine Tasche dabei hatte. Was hatte er nur in der Tasche drin, fragte ich mich. Er kam ohne die Tasche, aber mit Blut unter den Fingernägeln wieder zurück. Der Sommerwind strich über die Wipfel der Bäume. So verging der Sommer und fast an allen Sonntagen zog Vater mit einer Tasche aus und kam ohne Tasche wieder. Ich wagte es nicht, Mutter nach der Bedeutung dieser Ausflüge zu fragen und schwieg, wie immer, wenn eine Ahnung in mich einkehrte, wenn ich eigentlich schon wusste, was geschah und nur noch darauf wartete, dass meine Zunge es auch verstand und auch die Wörter, die inneren und die äußeren für mich sortierte. Seit jenem Sommer stotterte ich, die Zunge zwang mich, Pausen zu machen.

Die Katzen kamen und gingen, an einem der Nachmittage zählte ich zwanzig Katzen und da war es nicht leicht, den Überblick zu behalten. Vater zählte mit mir, ein fremdes Schillern war in seinen Augen. Ich weiß nicht mehr, was ich empfand, als eines Tages der Hund nicht mehr da war. Ich sollte besser sagen, dass er nicht mehr zurückkam, denn ich hatte gesehen, dass Vater an jenem Sonntag keine Tasche bei sich trug, als er einen seiner merkwürdigen Ausflüge machte. Dafür aber ging der Hund mit ihm. Am Abend legte Mutter wortlos die Bürste ins Badezimmer. Vater ging hinein und später sah ich, dass er das Bürstchen benutzt hatte. Am Waschbecken waren Reste von Zweiglein zu sein, Erdklümpchen und so was wie Blut, es sah aus wie Blut, tiefrotes Blut, ganz anders als rote Erde rot ist. Ich zitterte, plötzlich schwankte etwas in mir, ich rannte zur Hundehütte, sie war leer. Der Hund war nicht mehr da. Ich wusste, er würde niemals mehr zurückkommen. Man würde ihn ersetzen, wie alle Hunde ersetzt worden waren. Es würde ein kleiner Hund auf der Hof gebracht und Vaters Ein und Alles werden. Dann würde er eines

Tages verschwinden, an irgendeinem Sonntag, in irgendeinem Sommer nicht mehr da sein. Wieder ging ich in den Stall zu den Tieren, ich zählte alle Tiere, auch die Kleinsten. Dann war es wieder Sonntag, die Katzen hatte ich nicht mehr gezählt. Vater verschwand, dieses Mal ohne Tasche, ich sah es, dass er schwankte, er ging auf eine Art, als hätte er viel Wein getrunken. Als er vom flirrenden Saum der Sommerluft in der Nähe der großen Lindenbäume gleichsam verschluckt wurde, sah ich, dass Mutter ihm folgte. Sie ging schnell, entschiedenen Schrittes. Die Landstraße schien in diesem Augenblick nur ihr zu gehören. Mutter blieb lange weg. Den ganzen Tag saß ich auf den Treppen, zählte die vorbeifahrenden Autos, es waren nur fünf, zwei rote, ein gelbes und zwei dunkelblaue. Am Abend kam Mutter zurück. Sie war allein. Im Badezimmer blieb sie lange. Als sie in die Küche trat, sah ich, dass ihre Augen rot waren. Ich wusste nicht, ob sie geweint hatte oder nicht, aber ich wusste, dass wir jetzt allein waren, sie und ich. So ging der Sommer zu Ende und wie immer herrschte Stille. Wir sprachen über nichts. Die kleine Bürste schmiss Mutter irgendwann weg. Ich bin mir nicht sicher, aber ich glaube, dass sie dabei lächelte.

Franz Hohler

Der vierte König

Er lehnte sich zurück.

Während des Mittagessens hatte ihn ein bisschen gefröstelt, und nach dem Kaffee hatte er einen Schluck Kräuterschnaps getrunken, der ihn nun wohlig wärmte. Die Flasche hatte er im Kastenfuß in der Stube der Ferienwohnung gefunden, die er für einige Tage bewohnte. Diese gehörte einem seiner Freunde, der sie kürzlich erworben hatte. Es war ein kleines altes Bauernhaus, ein Maiensäss fast, das etwas oberhalb eines Dorfes in den Bündner Bergen stand. Da das Haus an den Hang gebaut war, führte vom Eingang eine Treppe in den Wohnteil hinauf. Die Zimmer waren niedrig, die Fenster klein, und es hing ein Geruch von stehengebliebener Zeit in den Räumen. Geheizt wurde mit einem Kachelofen, der in der Wand zwischen Stube und Schlafzimmer eingebaut war, und in der Küche mit einem Holzherd, auf dem man auch kochen konnte. War es einem zu mühsam, diesen einzufeuern, konnte man einen Heizstrahler über dem Spülbecken einschalten und sich auf zwei elektrischen Platten etwas zubereiten. Eine Dusche oder ein Bad gab es im Haus nicht, nur eine Toilette, die am Ende des Flurs außen ans Haus angebaut war.

Er, der Gast, hieß Balz, und er hatte sich Anfang des Jahres hierher zurückgezogen, um ganz allein und in aller Ruhe seinen vierzigsten Geburtstag zu feiern. Heute Vormittag hatte er im Kachelofen Feuer gemacht, und noch jetzt überlagerte der Duft des Tannenreisigs, das er den Buchenscheiten unterlegt hatte, die abgestandene Luft, in der er am Morgen erwacht war.

In der Stube gab es neben dem Esstisch noch ein kleines Tischchen mit einem Rohrstuhl und einem durchgehockten Sofa. Auf dem Rohrstuhl saß Balz jetzt, das leere Schnapsglas neben sich, und schaute zum Fenster hinaus.

Draußen schneite es, und es gefiel ihm, in den grauen Himmel zu blicken, aus dem die weißen Flocken wirbelten.

Gestern Abend, als er angekommen war, hatte er noch weit ins Tal hinunter gesehen, dazu auf eine Reihe von Berggraten und -gipfeln in der Nähe, und auf eine verwirrliche Anzahl davon in der Ferne, die in der Dämmerung langsam ineinander verflossen. Aber schon am Morgen waren träge Wolken das Tal herauf gekrochen und blieben nun an den Abhängen über dem Dorf liegen, und vor die Sicht talabwärts und in die Weite hatte sich ein undurchdringlicher diesiger Vorhang gelegt.

Balz war nicht unglücklich darüber. Er war nicht hierher gekommen, um Skitouren zu machen oder Wintersport zu treiben, er brauchte keinen Blick in die Ferne, er brauchte einen Blick nach innen. Nachdenken wollte er über sein bisheriges und über sein zukünftiges Leben, deshalb hatte er sein Notebook mitgenommen. Gestern Abend hatte er es schon mal aufgeklappt und ein Dokument mit dem Titel »Mein Leben« eröffnet, war aber über den ersten Satz »Geboren vor vierzig Jahren am Dreikönigstag« nicht herausgekommen. Dieser Satz hatte ihn so lange angestarrt, bis er ihn wieder gelöscht und das Notebook geschlossen hatte.

Heute lag ein Block mit einem Kugelschreiber auf dem Tischchen. Ein Blatt Papier war nicht halb so fortsetzungshungrig wie ein Bildschirm. Aber wo sollte er anfangen?

Über seine Geburt wusste er wenig, außer dass er im Spital, in dem er zur Welt gekommen war, das erste Kind am Dreikönigstag gewesen war, morgens um ein Uhr. Seine Mutter hatte sich gefreut darüber, hatte ihn manchmal im Scherz auch »mein Königskind« genannt, worüber sich seine ältere Schwester immer geärgert hatte. »Und ich?«, hatte sie jeweils gefragt, und es war dann der Vater, der sie mit den Worten »Du bist unsere Prinzessin« getröstet und auf seine Knie genommen hatte.

Wieder fröstelte ihn. Er ging zum Kachelofen und legte zwei schöne, runde Hölzer nach, dann holte er nochmals den Kräuterschnaps, goss sich einen winzigen Schluck ins leere Glas und trank es sofort aus.

Seine Schwester hatte ihn heute aus Australien auf seinem Handy angerufen und ihm zum Geburtstag gratuliert. Sie war mit ihrem Mann dorthin ausgewandert. »Welcome to the Club!«, hatte sie zu ihm gesagt. Sie war zweiundvierzig und hatte zwei Söhne.

Er war vierzig und hatte keine Kinder. So weit er sich zurückerinnern konnte, hätte er immer lieber einen Bruder gehabt als eine Schwester. Warum, wusste er nicht.

Er nahm seinen Block, schrieb auf das erste leere Blatt das Wort »Schwester« und versah es mit einem Fragezeichen. Dann fand er das so lächerlich, dass er das Blatt abriss und zerknüllte. Nachdenken war schwieriger, als er gedacht hatte.

Seine Eltern hatten sich kurz vor Mittag gemeldet. Seit sie pensioniert waren, flogen sie an Neujahr immer für einen Monat auf die Kanarischen Inseln. Sie hatten gemeinsam »Happy Birthday« ins Telefon gesungen und hatten ihm dann lachend alles Gute gewünscht. Sie waren zufrieden, unverschämt zufrieden geradezu.

Er war nicht zufrieden. Und eigentlich hätte er gern gewusst, warum, deshalb war er hergekommen.

Wo waren denn die Brüche in seinem bisherigen Leben?

Gymnasium, Studium der Rechte, zuerst Richter, dann Jurist in einer großen Versicherungsgesellschaft. Versuch, das elterliche Zweierglück durch Heirat mit einer spanischstämmigen Studienkollegin nachzuahmen, misslungen, Scheidung nach fünf Jahren.

Er nahm nochmals den Block auf die Knie und schrieb die Worte »Eltern? Beruf? Heirat?« weit auseinander und umzog sie nach einer Weile mit Kreisen.

Als er den Zettel zerriss, hörte er den Gesang.

Männerstimmen waren es, die wohl unten im Dorf sangen, langsam und getragen, aber nach einer Weile merkte er, dass sie näher kamen. Er stand auf und hatte das Gefühl, das Steißbein sei ihm eingeschlafen. War er so lange gesessen? Er ging zum Fenster.

Das Schneetreiben war dichter geworden, die Konturen der Häuser undeutlicher, und durch die Flockenwirbel schritten drei Gestalten in langen Gewändern, mit Königskronen auf ihren Häuptern, der vorderste in einem roten Mantel mit weißem Pelzbesatz und einem langen goldglänzenden Stab, der zweite in einem blauen Mantel mit braunem Pelzkragen, und der dritte trug einen kragenlosen grünen Überwurf, der eher einer Jagdpelerine glich, hatte krauses Haar und war schwarz geschminkt.

Balz öffnete das Fenster und verstand nun einige der Worte des Liedes, »Könige«, »Morgenland«, »Stern« und »Jordanstrand«. Als er sich fragte, woher die Paukenschläge kamen, die den feierlichen Takt des Liedes angaben, sah er in einem geringen Abstand hinter den drei Sängern eine vierte Königsfigur in einem weißen Mantel, die eine große Trommel umgehängt hatte und mit einem Riemen über Schultern und Brust einen Hornschlitten hinter sich herzog.

Vier Könige, davon hatte er noch nie gehört. Vielleicht hatte es hier eine besondere Bedeutung, von der er nichts wusste. Auch, dass sie zu seinem Haus kamen, mutete ihn seltsam an. Er war Gast, gestern angekommen, und kannte niemanden. Der Weg machte zwei Kurven bergauf, um neben dem Haus wieder in einer Kurve bergwärts zu verschwinden, zum nächsten und letzten Haus oberhalb des Dorfes.

Balz hoffte einen Augenblick, sie zögen vorbei, doch die merkwürdige Gruppe stellte sich auf dem Vorplatz auf und sang weiter, sang nur für ihn, und der vierte König blieb in der letzten Kurve stehen und schlug seine Trommel dazu.

Balz verstand nun Satzteile wie »treulich Schritt,« und »die Könige wandern, o wandere mit«, er stand im Fenster und winkte ihnen freundlich zu, worauf alle drei ungerührt weitersangen, nur der vierte König hob von der Kurve her grüßend seine Hand. Nun zog er seinen Geldbeutel aus der Gesäßtasche, ging die Treppe hinunter, öffnete die Tür und trat zu den Sängern, die gerade mehrere Male die Worte »Myrrhen und Gold« variierten, es war offenbar der Schluss des Liedes, denn nun verstummten auch die Paukenschläge.

»Danke«, sagte Balz, »danke. Ich bin selbst ein Dreikönigskind.« Die drei Könige nickten huldvoll und blickten sich gegenseitig an.

»Ich bin zu Gast und habe leider kaum etwas im Haus – darf ich euch etwas geben?« fragte Balz, und hielt dem König im roten Mantel eine Zwanzigernote hin.

Der nahm sie mit seinem Fausthandschuh entgegen und steckte sie in einen Sack, den der Grüne unter seiner Pelerine hervorzog. Die drei schauten einander wieder an, der Blaue summte einen tiefen Ton, den die andern aufnahmen, dann stimmten sie den Vers an:

»Heut hat die alte Welt ein End
Wir danken dir für deine Spend!«

Sie sangen den Vers einstimmig, drehten sich dann langsam um und schlugen wieder den Weg zum Dorf hinunter ein, und während sie im Schneegeflock abwärts schritten, sangen sie den Vers nochmals und nochmals, immer einen Ton höher, Balz zählte mit, ohne zu wollen, achtmal hatten sie ihn gesungen, als er das Fenster schloss.

Balz schauderte es, halb vor Kälte, halb vor Rührung.

»Heut hat die alte Welt ein End«… er hatte das Gefühl, mit diesem Satz sei er persönlich gemeint.

Er ging zur Herdplatte, um sich einen Tee zu machen, denn nach dem kurzen Aufenthalt draußen, für den er keine Jacke angezogen hatte, fror er bis ins Innerste. Sollte sein Steißbein eingeschlafen sein, war es jetzt erwacht, er spürte einen Reiz, als stecke eine Nadel darin. Er rieb sich, aber es wurde nicht besser.

Im Küchenschrank hatte er eine Dose mit Bergkräutertee gefunden, er füllte zwei Löffel davon in ein Tee-Ei und schaute zu, wie es blubbernd in der großen Tasse versank. Dann setzte er sich wieder in den Rohrstuhl.

Die alte Welt… Er versuchte es nochmals mit dem Schreibblock, zog einen senkrechten Strich in der Mitte über die ganze Seite, schrieb links oben als Titel »alte Welt«, und rechts »neue Welt«. Gerade hatte er unter »alte Welt« das Wort »Beruf« notiert und mit einem Fragezeichen versehen, da hörte er wieder die Trommelschläge. Sie näherten sich, aber ohne Gesang. Balz stand auf und schaute zum Fenster hinaus.

Ein leichter Schwindel erfasste ihn.

Der vierte König stapfte langsam den Weg hoch, zog seinen Hornschlitten hinter sich her und schlug dazu auf seine große Bauchtrommel. Seine Krone, das sah Balz erst jetzt, war ein goldenes Diadem mit einem einzigen Zacken, in den ein rubinroter Stein gefasst war. Er stellte die Trommel neben die Haustür wie jemand, der von der Arbeit nach Hause kommt, schälte sich aus dem Zugriemen und stellte den Schlitten, von dem er noch mit seinen weißen Handschuhen den Schnee wegstrich, an die Hauswand. Dann schüttelte er sich, klopfte mit den Schuhen gegen die Mauer, öffnete die Haustür und trat ein.

Balz ging zum Wohnungseingang, und als der König nun die Treppe heraufkam, fragte er ihn: »Suchen Sie jemanden?« Der König schaute ihn mit seinen blauen Augen an und nickte fast unmerklich.

»Falls Sie meinen Freund Georg suchen, er ist nicht da«, sagte Balz, »aber kommen Sie herein. Ich heiße Balz – und Sie?« Der König zeigte auf seinen Mund und machte eine bedauernde Geste. Oh, dachte Balz, stumm also, behindert.

Während der neue Gast seine Bergschuhe auszog, seine Handschuhe darauf legte und den Mantel an einen Holzhaken hängte, rief Balz mit dem Handy seinen Freund an und fragte ihn leise auf dessen Combox, was es mit dem stummen Menschen auf sich habe, der ihn vermutlich kenne, er hoffe auf einen baldigen Rückruf zur Klärung.

Dann bat er den Mann aus dem Flur in die Küche und fragte ihn, ob er auch einen Tee möchte. Der andere nickte. Er trug eine Art weißen Overall, einen Ganzkörperanzug, der Balz an die Pyjamas für Kleinkinder erinnerte. Sein Diadem hatte er aufbehalten.

Balz füllte ein zweites Tee-Ei. Ob er Zucker wolle, fragte er, und wieder nickte der andere, und Balz griff nach der Zuckerdose. Schnaps? fragte er, aber der König verneinte. Immerhin versteht er, was ich frage, dachte Balz. Er schaute dem andern in die Augen, wenn er sprach, und versuchte, die Lippen möglichst deutlich dazu zu formen, wie er es gelernt hatte, als sie eine Zeitlang einen gehörlosen Nachbarjungen gehabt hatten.

Nun setzte sich Balz wieder auf den Rohrstuhl in der kleinen Stube, machte das Licht an und bot dem

Gast das Sofa an. Dieser setzte sich, legte das tropfende Tee-Ei in die Untertasse, rührte mit dem Löffel den Zucker um, trank dann einen Schluck und nickte anerkennend.

Balz nickte zurück. »Viel Schnee«, sagte er dann.

Der andere nickte. Jedesmal, wenn er nickte, blitzte der Widerschein der Lampe in seinem Diademstein auf. Er trank wieder einen Schluck und hielt die heiße Tasse mit beiden Händen, ohne sie danach abzustellen.

Was sprach man mit so jemandem?

»Sie kommen aus dem Dorf?«, fragte Balz schließlich. Zu seinem Erstaunen schüttelte der andere den Kopf.

»Woher denn?«, fragte Balz. Als der andere nicht antwortete, hielt er ihm seinen Schreibblock hin. »Schreiben Sie es mir auf? Auch Ihren Namen?« Er sah die Rubriken »Alte Welt« und »Neue Welt« und schränzte das Papier heraus. Vielleicht, dachte er, muss ich ihn einen Moment allein lassen. Im Aufstehen spürte er ein scharfes Stechen im Steißbein, er ging mit dem Papier in die Küche, zerriss es in kleine Stücke und warf es in den Abfalleimer unter dem Ausguss.

Dann musste er sich mit beiden Händen am Spülbecken aufstützen und erbrach die Suppe, die er sich zum Mittagessen gemacht hatte. Fassungslos blickte er in die üble Masse mit dem säuerlichen Geruch, in der auch noch einzelne unverdaute Brot- und Käsestücklein zu sehen waren. Er beugte sich unter den

Hahn, ließ Wasser in seinen Mund laufen und spie es wieder aus. Plötzlich hatte er große Mühe, auf seinen Beinen zu stehen, ihm war, als hätte man ihm die Knochen herausgenommen.

Als er sich mit beiden Ellbogen auf den Ausguss stützte, um nicht umzusinken, spürte er eine Hand auf seiner Schulter. Der vierte König stand neben ihm, schaute ihn besorgt an, griff ihm dann unter die linke Achsel und zog ihn hoch. Dann ging er langsam mit ihm zum Schlafzimmer, schlug dort die Bettdecke zurück und setzte ihn auf den Bettrand. Sorgfältig begann er ihn auszuziehen, bis auf seine langen Unterhosen und das T-Shirt, hob ihm dann die Beine hoch und legte ihn ins Bett. Mit einem Schüttelfrost verkroch sich Balz unter die Decke, einem Schüttelfrost, der anhielt, bis der König, der sich hier auszukennen schien, mit einer heißen Bettflasche dastand, die er ihm auf den Bauch legte. Das beruhigte ihn, und er glitt in einen unruhigen Schlaf, in welchem ihn Traumbilder jagten.

Als er wieder erwachte, war es draußen dunkel geworden. Die Nachttischlampe brannte, und der König in seinem weißen Overall mit seinem Stirnreif saß neben seinem Bett und beugte sich über ihn. Der rubinrote Stein schaute ihn wie ein drittes Auge an. Als der König sah, dass Balz wach war, gab er ihm einen heißen Kamillentee zu trinken. Er war so schwach, dass er sich kaum aufsetzen konnte. Drei Schlucke nahm er, dann ließ er sich wieder ins Kissen sinken. Er war schweißnass, seine Unterkleider klebten ihm am Leib. Das Stechen im Steißbein war zu einem brennenden Schmerz geworden. Der König hielt ihm nun ein Quecksilberthermometer hin, das sich Balz unter die Achsel steckte. Es zeigte, als es ihm der König herauszog, 40 Grad. Balz erschrak. »Ein Arzt«, flüsterte er. Der König ging zum Fenster und öffnete es kurz. Ein Windstoß fuhr hinein und wirbelte eine Ladung Schnee ins Zimmer. Der König schloss das Fenster und schüttelte den Kopf. Balz, ratlos, dämmerte wieder ein.

Nach einer Weile wurde er wachgerüttelt. Er wollte das Bett nicht verlassen, aber der stumme König fasste ihn unter den Armen und setzte ihn auf. Er gab ihm ein halbes Glas Wasser zu trinken, in dem er Aspirin oder Treupel aufgelöst hatte. Balz schluckte es angewidert hinunter, dann bekam er wieder Kamillentee. Darauf zog ihm der König das Unterhemd aus und frottierte ihn trocken, dann streifte er ihm sein Pyjama über. Danach wechselte er seine langen Unterhosen gegen seine Pyjamahosen aus. Balz stöhnte und wollte sich wieder hinlegen, doch der König zog ihm zuerst die Wanderhosen, dann sein Hemd an, und darüber noch ein Hemd, und seinen dicken Pullover, und seine wattierte Windjacke. Dann setzte er ihm seine Wollmütze auf, legte ihm sein Stirnband darum und zog die Kapuze hoch. Es folgten die Handschuhe und die Moonboots, und zuletzt wickelte er seinen weißen Mantel um ihn. Der vierte König hatte alles vorbereitet. Er trug Balz wie ein Kind die Treppe hinunter und legte ihn mit dem

Kopf gegen vorne auf den Hornschlitten, der im Hauseingang stand und band ihn mit drei starken Riemen fest, die er ihm über die Fesseln und über Brust und Bauch zog. Dann stieß er den Schlitten auf den Vorplatz, wo der Sturmwind heulte, schloss die Tür hinter sich, nahm eine Stabtaschenlampe in seinen Mund, fasste die Hörner, machte ein paar Schritte, setzte sich auf die Vorderkante des Schlittens, und dann begann die Fahrt.

Balz wollte schreien, aber seine Stimme blieb weg. Der König fuhr mit ihm durch die Hauptgasse des menschenleeren Dorfes, auf das der Schnee wie Papierfetzen fiel, Balz schien, er höre wilden Gesang aus der Dorfwirtschaft, aber schon waren sie daran vorbei, vielleicht war es auch bloß der Wind, welcher Bäume, Ställe und Zäune zum Singen brachte, immer noch versuchte Balz zu schreien, um dem König sein Vorhaben aus dem Kopf zu schlagen, aber der ließ sich nicht beirren, schien hier Weg und Steg zu kennen, denn bald verließ er die Poststraße und sauste mit ihm über steile Holzwege durch die Wälder, die vom Sturm geschüttelt wurden, und schließlich gab Balz seinen Widerstand auf, er hatte keine andere Wahl als dem Schlittenfahrer zu vertrauen, dessen weißen Overall er neben seinem Kopf spürte. Ob der König nicht fror? Balz, in seinen weißen Mantel eingehüllt, hatte nicht nur warm, er fühlte sich geborgen, geborgen wie noch nie in seinem Leben, er schloss die Augen, und das Gleiten der Kufen, das Toben des Nachtsturms, das Keuchen des Königs, der mit seiner Lampe im Mund eine Lichtbresche in die dunkle Wand vor ihnen schlug und sich manchmal mit seinem roten Auge an der Stirn kurz zu ihm umwandte, all das schüttelte seine Gedanken so durcheinander, dass er irgendeinmal das Bewusstsein verlor.

Als er die Augen wieder aufschlug, lag er in einem Spitalbett. Flüssigkeit träufelte aus einem aufgehängten Sack durch einen Infusionsschlauch in seine Vene, und eine Pflegerin maß ihm den Puls. »Hallo Herr Kamber«, sagte sie, »da sind Sie ja wieder.«

Balz begriff nichts. »Wo bin ich?«, fragte er.

Er erfuhr, dass er im Kreisspital des Tales war und dass ihn einer mit einem Hornschlitten nachts eingeliefert habe. Man habe ihn sofort operieren müssen, sagte die Pflegerin, aber gleich komme der Arzt, der werde es ihm genauer sagen.

Erst jetzt spürte Balz, dass er einen Verband am Steißbein hatte.

Das sei, sagte ihm der Arzt, ein gut gelaunter, etwas untersetzter Mann, dessen weißer Kittel sich über ein Bäuchlein spannte, ein eitriger Abszess gewesen, der sich entzündet habe und den man so rasch als möglich habe entfernen müssen.

Seit wann er den wohl gehabt habe und warum ihm nichts aufgefallen sei vorher.

»Sie werden es nicht glauben«, sagte der Arzt, »aber den hatten Sie schon im Mutterleib. Zusammen mit Ihnen hat sich ein zweiter Fötus entwickelt, der mit Ihrem Fötus am späteren Steißbein zusammengewachsen war, aber schon im Uterus abstarb. Sie hätten einen Zwilling haben können, deshalb nennen wir das einen Zwillingsabszess. Der kann sich vierzig Jahre lang stillhalten, wie bei Ihnen, und dann meldet er sich schlagartig.«

»Und warum?«

Der Arzt zuckte mit den Schultern, und dann lachte er. »Für alles, was die Medizin nicht weiß«, sagte er, »hat sie ein hervorragendes Wort, ›spontan‹«.

Aber ein Notfall sei er gewesen, das könne er ihm sagen, und zwar ein akuter. Im Übrigen sei der Mann, der ihn eingeliefert habe, sofort verschwunden und habe seinen Hornschlitten hier stehen gelassen. Er sei in der Spitalgarage zum Abholen bereit. Woher er denn gekommen sei in dieser Nacht.

Als ihm Balz den Namen des Dorfes nannte, pfiff der Arzt durch die Zähne.

»Glück gehabt! Eine riskante Fahrt, im Schneesturm, mitten in der Nacht, da wäre keine Ambulanz durchgekommen. Wer war denn der kühne Hornschlittenpilot? Er war Ihr Lebensretter.«

Balz sagte, er kenne ihn auch nicht, aber er werde sich erkundigen, schon um sich zu bedanken.

Sein Freund Georg, so wurde bald klar, hatte den Stummen nie gesehen, und als er später im Dorf nachfragte, wer der Trommler mit dem weißen Mantel und dem Diadem gewesen sei, stieß er auf Erstaunen. Die drei Königsdarsteller sagten einhellig, sie hätten nur zu dritt gesungen, und wenn eine Trommel dabei gewesen wäre, hätten sie die ja hören müssen, und dasselbe sagten auch die Leute im Dorf.

Von einem vierten König wusste niemand etwas.

Matthias Politycki

Die Visitenkarte

Es war meine letzte Fahrt, die ich für Kevin Brown Inc. machen sollte, ich hatte ein paar neue Spinn- und Pilkruten im Programm, die keiner nehmen wollte, und da sich auch kaum einer für die »Triple xxx Heavy Spin Catfish II« interessierte, weil die »I« unter den Bootsruten ohnehin nicht kleinzukriegen war, kam ich mit meiner Tour viel zu schnell voran. Siebenundzwanzig Jahre lang hatte ich in diesem Reisegebiet meine größten Erfolge gefeiert, auf den Keys angelt schließlich fast jeder; daß man dort neuerdings mehr Geld mit Rum Runners machte und Slips mit Aufdruck »Welcome! Open 24 hours« nahm ich als Zeichen, daß es jetzt wirklich an der Zeit war, aufzuhören. Es war kurz vor Weihnachten, als ich Key West erreicht hatte, das Ende des Highways No. 1, und weil dort mittlerweile auch der alte »Captain Bob« geschlossen und »Bud 'n' Mary's Fishing Marina« zur Konkurrenz gewechselt hatte, hätte ich nicht mal groß einpacken müssen, um auf der Stelle umzudrehen und nach Hause zu fahren.

Aber warum tat ich es nicht? Es war ein Freitag, ein 22. Dezember, zwei Tage vor Heiligabend; ich stand auf dem Steg am Yachthafen und las die Schilder, die zum Hochseeangeln aufforderten. Draußen ein paar vereinzelte Schaumköpfe, der Wind ein mäßiger Ostnordost, vielleicht drei, höchstens vier, die Yachten klackerten. Weil mir nichts anderes einfiel, ging ich ins »Sloppy Joe's« und sah den Touristen zu, wie sie sich ihre Key-West-Kappen und -T-Shirts zeigten; und weil es mir dort irgendwann zu lärmig wurde, zog ich weiter in die Greene Street, in eine Kneipe, die sich »Captain Tony's Saloon« nannte. Ein trüber Holzschuppen, erstaunlich schäbig für diese Stadt, rund um einen mächtigen Baumstamm gebaut, dessen Krone sich im ersten Stock des Gebäudes ausbreiten mußte, wenn alles mit rechten Dingen zuging. An die Stützbalken hatte man Nummernschilder genagelt, von den Deckenverstrebungen baumelten hunderte von BHs, beige, rot, weiß, schwarz, violett, das Gebälk rund um den Tresen war nahezu vollständig mit kleinen Zetteln und Karten zugepinnt, und früher, als das Geschäft noch lief, wäre ich sofort wieder rausgegangen.

Es war einer dieser lauen Dezembernachmittage, jeder, der ein Quadrobike besaß, knatterte damit durch die Stadt, kaum einer, der ausgerechnet an diesem Tresen haltgemacht hätte. Der Rest des Schuppens verschwand im Dämmer, es roch so, als habe man hier seit Jahrhunderten Bier getrunken, verschüttet, ins Holz hineingewischt, womöglich direkt am Baumstamm abgeschlagen. Die Flasche kostete vier Dollar, in einer Ecke spielte jemand Gitarre und sang dazu. Ich saß auf einem Hocker, dessen Sitzfläche mit »Dustin Hoffman« beschriftet war, die leeren Hocker neben mir mit »Al Pacino«, »Marlon Brando« und »Robert de Niro«. Auf einem Regal mehrere Hemingway-Büsten, angeblich war der »Saloon« seine Stammkneipe gewesen, als er noch »Sloppy Joe's« hieß. Vor ein paar Jahrzehnten habe man ihm den Namen abgekauft, erzählte der Barkeeper, um die neue Bar in der Duval Street so nennen zu können, auf diese Weise sei Hemingways Stammkneipe von den Touristen leichter zu finden. Der Barmann zuckte mit den Schultern und grinste. Hemingway – von ihm gelesen habe er nichts, aber es sei ihm versichert worden, daß er eines Nachts, am Ende eines seiner Besuche, hier einfach das Pissoir mitgenommen habe. Angeblich, um es als Katzentränke in seinem Garten aufzustellen. Der Mann lachte, als ob ihm ein schmutziger Witz gelungen wäre; auch hinter die Querverstrebungen des Tresens waren Visitenkarten gesteckt, er war von tausenden kleiner Kärtchen umgeben wie von einem Rahmen, und er wußte es.

Ich hatte keine Lust, nach Hause zu fahren, und bestellte nach. Als der Gitarrist eine Pause machte, hatte ich längst die erste Visitenkarte aus dem Papiergestrüpp gezogen; als ich ging, hatte ich die

Adressen von Anwälten, Tauchlehrern, Pizzaausfahrern und Nachtclubbesitzern gelesen, auch ein Seebestatter war darunter gewesen, ein Honorarkonsul. Und eine Dame, Lisa Bluhm, auf deren Karte das bekannte »Don't call us. We call you« stand, widersinnigerweise aber trotzdem eine Telephonnummer. Nach kurzem Zögern hatte ich die Karte eingesteckt, der Name erinnerte mich an ein Mädchen, mit dem ich vor vielen Jahren viel zu wenig zu tun gehabt hatte, und dann fuhr ich ein paar Meilen raus aus der Stadt und nahm mir ein Zimmer im erstbesten Motel.

Am nächsten Tag lag die Seven Mile Bridge schon hinter mir, das Meer linksrechts der Straße hatte kaum etwas zu tun, leichte Brise, glasige Oberfläche. Als ich Marathon passierte, waren es vielleicht noch fünfzig Meilen bis Key Largo, wo ich noch mal bei »Fish4fun« und »Swanny's Pro Shop« vorbeisehen wollte. Vielleicht konnte ich ihnen wenigstens meine Standardrollen verkaufen, ein paar lausige Haken oder Schnüre, vor Heiligabend mußte ich ohnehin nicht zurück sein. Dann fuhr ich aber doch runter von der »1« und auf den Parkplatz hinter einem kleinen Supermarkt.

»Lisa?«

»Oh, so hat mich zwar schon lange keiner mehr genannt …«

»Ich meine: Miss, äh, Misses Bluhm?«

Ihre Stimme klang genauso, wie ich es mir vorgestellt hatte, man konnte sich blonde Haare dazu denken und irgendetwas Sportliches, vielleicht sogar ein wenig rosaroten Glamour, wie bei einer Cheerleaderin.

Daß sie erst seit kurzem wieder Bluhm hieß, verstand ich zunächst nicht mal; im Grunde könne ich von Glück reden, daß sie vor ein paar Jahren ins Haus ihrer Eltern zurückgezogen sei, sonst hätte ich sie gar nicht erreicht. Ich erzählte ihr, wo ich ihre Visitenkarte gefunden hatte, und sie lachte genau so, wie ich es mir vorgestellt hatte, man konnte sich ein Glas Martini dazu in ihrer Hand vorstellen und irgendetwas Rosafarbenes, vielleicht eine Cocktailkirsche.

»Nicht daß Sie denken, ich würde Sie hier …«

»Nun werden Sie bitte nicht langweilig! Wenn Sie schon anrufen …«

»Naja, Sie fordern ja geradezu dazu auf – ›Don't call us, we call you‹.«

Sie lachte erneut, und es stellte sich heraus, daß sie eine militante Vegetarierin war und Hochseeangeln haßte, aber das machte nichts. Sie wünschte mir »viel Mißerfolg mit Ihren Harpunen«, ich bemühte mich zurückzulachen und hängte auf. Das heißt:

»Wissen Sie eigentlich«, fuhr mir Lisa mitten in die Abschiedsfloskel, »wissen Sie eigentlich, daß ich damals, ich meine, daß ich nicht nur die Visitenkarte dort gelassen habe?«

Im »Captain Tony's«. Sondern auch einen BH. Der Kerl, der zufällig neben ihr am Tresen gesessen sei, habe sie dazu überredet, ihre Freundin übrigens auch. Im Urlaub sei man ja immer etwas lockerer drauf. Und nach ein paar Martinis erst recht. Der

Hocker, auf dem der Kerl gesessen habe, das wisse sie noch genau, habe »Dennis Hopper« geheißen. Der Kerl leider nicht. Wenn ich herausfände, welcher BH der ihre sei, dürfe ich sie wieder –

»Aber, Lisa, ich bitte Sie! Da hängen vielleicht tausend –«

»Suchen Sie einfach nach einem violetten mit enormen Schalen«, lachte sie sehr abschließend, »meine Freundin hatte Größe C.«

Der ihre hinge direkt daneben, gar nicht zu übersehen.

Ich stand eine Weile auf dem Parkplatz und versuchte mir einzureden, daß ich nicht nur »Fish4fun« und »Swanny's Pro Shop«, sondern auch schon den »Reef Runner« auf Duck Key und dann vielleicht sogar »Fisherman's Friend« auf Long Key besuchen sollte. Immerhin hatte ich lange Zeit als »bestes Pferd im Stall« gegolten, irgendwann hatte man mir zu Weihnachten sogar eine Urkunde ausgestellt und eine komplette Angelausrüstung geschenkt, jedenfalls all das, was bei Kevin Brown Inc. im Vertrieb war.

Am Abend saß ich wieder im »Captain Tony's«. Der Barkeeper erkannte mich und schob mir gleich etwas hin; ich zeigte ihm Lisas Karte, er schüttelte den Kopf. Ich erzählte von ihrer Freundin, in deren Begleitung sie damals gewesen, und daß diese Freundin wohl einen auffällig großen Busen gehabt haben mochte. Diesmal saß ich auf »Humphrey Bogart«, es spielte eine komplette Band, ab und zu zerwarf einer sein

Glas auf dem Steinfußboden. Es war so voll, daß man unmöglich eine Leiter hätte aufstellen können, um die BHs an der Decke abzusuchen; als ich ging, pinkelte jemand gegen den Baum, seine Freunde standen dichtgedrängt um ihn herum.

Anderntags war Sonntag, der 24. Dezember, ich hätte am frühen Morgen losfahren müssen, um noch rechtzeitig zurück zu sein. Den Vormittag vertrieb ich mir damit, daß ich zwischen den weiß gestrichenen Holzhäusern herumspazierte, frische Brise, vielleicht Fünf oder Sechs, überall Schaumköpfe, Schaumflecken. Zufällig stieß ich auf Hemingways Haus, sah im Garten sogar das Pissoir, von dem man mir erzählt hatte. Dazu ein paar Dutzend Katzen, aber keine, die daraus trinken wollte, obwohl es mit Wasser randvoll gefüllt war.

Von außen war »Captain Tony's Saloon« eine unscheinbare Bretterbude, zumindest in Sachen Baumkrone ging es darin nicht mit rechten Dingen zu: Zwar hatte der Schuppen tatsächlich einen ersten Stock, Platz für eine Baumkrone war darin aber auf keinen Fall. Kaum sperrte der »Captain« seinen Laden wieder auf, war ich auch schon drin; vom Manager meines Motels hatte ich mir eine Leiter geliehen. So viele BHs, die von der Decke baumelten, man wußte nicht, wo anfangen mit der Suche. Draußen bimmelte in regelmäßigen Abständen ein »Conch Tour Train« vorbei, der Touristen zur Duval Street fuhr, wo sie sich in Hemingways angeblicher Stammkneipe Rum Punch bestellen würden. Nach einer halben Stunde hatte ich den violetten BH gefunden. In der Tat, er hatte gewaltige Schalen, man mußte Angst haben, sich dazu den passenden Inhalt vorzustellen. Daneben hing: ein vergleichsweise kleiner, ja winziger BH, weiße oder eigentlich vergilbte Spitze, verschossene Spitze, vorne mit einem Häkchen zu öffnen. Und auf der anderen Seite: ein orthopädischer BH in Rosa, eine der beiden Schalen war mit einer Gummieinlage gefüllt, sie fühlte sich angenehm weich an, angenehm fest.

»Lisa?«

Ich rief sie von meinem Motelzimmer aus an, kaum daß ich die Leiter wieder abgegeben und drei Stunden darüber nachgedacht hatte, welcher der beiden BHs wohl der ihre gewesen sein mochte.

»Ich … ich habe ihren BH gefunden.«

»So«, sagte sie nur, »so.«

»Und den Stuhl von Dennis Hopper, den hab ich auch gesehen.«

Draußen fuhr einer dieser hochpolierten Geländewagen vorbei, die Reggaemusik aus dem Autoradio war so laut, daß man eine Pause machen durfte.

»Nun, gefällt er Ihnen?« meldete sich Lisa wieder zu Wort, ihre Stimme klang so vorsichtig, daß einem nichts Rosafarbenes dazu einfiel: »Haben Sie ihn wenigstens mitgehen lassen?«

»Wie bitte, Lisa? Wofür halten Sie –«

»Sie sind ein Feigling. Und wissen Sie was? Ein Dummkopf obendrein.« »Rufen mitten in der Nacht fremde Frauen an, und dann lügen sie ihnen noch nicht mal was vor.«

Ich kam nicht dazu, ihr zu widersprechen, und ich war froh darüber. Sie schimpfte auf die Männer, insbesondere auf den, der damals dann doch ihre Freundin genommen habe, wahrscheinlich wegen der riesigen Brüste, so primitiv seien sie eben, die Männer, schon der geschmacklose BH hätte ihm eigentlich die Augen öffnen müssen, aber nein!

»Meiner dagegen! Eine echte Rarität, das hat der Kerl ja nicht mal gemerkt! Hauchdünne Spitze und von vorne zu öffnen, so was gab's damals ja noch so gut wie gar nicht!«

Draußen fuhr eine dicke Frau auf einem dicken Motorrad vorbei und es knatterte laut genug, um eine weitere Pause zu machen. Dann setzte ich zu einer großen Erklärung an, die am Ende darauf hinausgelaufen wäre, weiße BHs entschieden attraktiver zu finden als violette oder gar rosarote; doch Lisa ließ mich nicht wirklich zu Wort kommen: Rosarote? Was die denn in ihrer Geschichte zu suchen hätten? Ohnehin sei sie längst verjährt und vergessen, die Geschichte, da wachse Gras drüber, im wahrsten Sinne des Wortes, der Kerl sei überraschend schnell gestorben, kaum zwölf Jahre wären sie verheiratet gewesen.

»Ich rufe sie nicht mehr an, versprochen«, sagte ich.

»Feigling«, sagte Lisa.

»Es war schön, Sie kennenge-«

»Moment mal«, fiel mir Lisa ins Wort: »Nicht daß Sie denken, ich sei häßlich gewesen, unterstehen Sie sich! Das war ich nämlich nicht. Ganz und gar nicht, ich habe die besten Referenzen.«

Jetzt lachte sie endlich wieder, und es klang erneut so, wie man es sich vorstellt, wenn man an eine Frau denkt, die etwas Rosarotes, neinein, die etwas Weißes –

»Und jetzt legen Sie endlich auf«, lachte Lisa noch immer, »›Don't call us, we call –‹«

Ich drückte den Hörer in die Schale. Wer weiß, wie lange ich mit ihr gesprochen hatte, draußen dämmerte es bereits, der Wind war umgesprungen auf Ostsüdost, mindestens Sechs, es flogen ein paar Pappbecher herum, die Äste der Baumkronen bogen sich hin und her. Lisa Bluhm. Bald würde auch für sie unausweichlich Heiligabend sein. Ich überlegte, ob ich mich jetzt endlich ins Auto setzen und losfahren sollte. Eigentlich war ich genug in meinem Leben gefahren, 27 Jahre lang die »No. 1« rauf, die »No. 1« runter, es war an der Zeit aufzuhören. Oder ob ich zum »Captain« gehen und ihre Visitenkarte zurückstecken sollte. Draußen dröhnte einer dieser Geländewagen vorbei, die Bässe vibrierten bis hoch zu mir, und ich stellte mir vor, wie einer darin saß und gerade vollgetankt hatte.

Hugo Loetscher

Die Brücke

Eine Heimatgeschichte

Waren das noch Zeiten, als wir *keine* Brücke hatten; das sagten auch Jüngere, die diese Zeit nicht miterlebt hatten.

In der Tat, es traf für mehr als eine Generation zu, dass keine Brücke die Orte verbunden hatte. Die beiden Städtchen lagen sich gegenüber, an einem berühmten Nebenfluss.

Was immer man auch in den Chroniken vernahm – in den Geschichtsbüchern war manches zu lesen, auch solches, was nicht in den unteren Klassen des Religionsunterrichtes vorkam. In dem einen Städtchen war einst eine Hexe verbrannt worden, von der noch der Besen gezeigt wurde, auf dem sie auf die Walpurgisnacht geritten war. Und im andern Städtchen war als Befragungsinstrument die aufschließbare Eiserne Jungfrau mit nach Innen bespickten Nägeln zu bewundern, eine Attraktion im Heimatmuseum neben Spinnrädern, Truhen und Trachtenhauben.

Es gab manche Gemeinsamkeiten, auch wenn am einen Ufer nicht gleich gefoltert worden war wie am andern. In allen Gerichtssälen hing über der blinden Justizia ein Kreuz, man konnte sich auf eine gemeinsame christliche Tradition berufen.

Aber von einer Brücke war nie die Rede. Allerdings, so wurde überliefert, bei einstigen Kriegswirren hatte ein General eine Pontonbrücke errichten lassen, als Pfeiler dienten Ruderboote, Kähne und gar Flöße. Doch diese Behelfsbrücke wurde nach Kriegsende aufgegeben, nachdem bei einem Sturm ein Teil flussabwärts weggeschwemmt worden war. Im Gedächtnis blieb die Zahl derer, die beim Überqueren ertrunken waren; auf der sogenannten »Ersoffenenliste« wurde auch ein Pferdgespann aufgeführt.

Nun war die Behauptung, man habe keine Brücke gehabt, nicht ganz zutreffend. Es gab eine Brücke, allerdings zwanzig Kilometer flussaufwärts. Eine Eisenbahnbrücke, eine Stahlbogenbrücke, kombiniert mit einer Autospur und einem Fußgängerweg.

Diese Brücke diente dem Schwerverkehr und war beiden Städtchen dienlich, etwa für Heizöl.

Doch für den üblichen Verkehr, ob Person oder Ware, gab es über den Fluss keine direkte Verbindung. Statt einer Brücke standen Fähren zur Verfügung. Genau genommen zwei, für welche die jeweilige Stadtbehörde zuständig war. So schmückte die eine Fähre ein flatternder Schwan, das Wappen des einen Städtchens; auf der anderen Fähre war als Wahrzeichen ein Kaninchen mit einer stilisierten Karotte aufgemalt.

Es waren Allzweck-Fähren. Nicht nur Bänke für die Passagiere unter einem Segeltuchdach gegen den Regen. Da standen auch Käfige für Hühner und anderes Kleinvieh zur Verfügung, auch ein Abstellplatz für Kinderwagen oder Fahrräder, ebenso Regale für Einkaufstaschen, Schultornister oder Koffer.

Diese Fähren genossen einen hohen Ruf wegen der Fährmänner. Ein Beruf, der von Generation zu Generation vererbt wurde. Ihre Tätigkeit demonstrierte Geschichtsbewusstsein, darauf durfte man schon deswegen schließen, weil die Fährmänner einen Schlapphut und einen Radmantel trugen und bei festlichen Anlässen eine schwere Kette.

Berühmt waren die Fährmänner für die Geschichten, die sie während der Überfahrt zum Besten gaben. Oft begannen sie ihre Geschichten mit der Bemerkung »wie der Urgroßvater meines Urgroßvater von seinem Urgroßvater gehört hatte«. Man wusste, dass der Urgroßvater des einen Urgroßvaters Scharfrichter gewesen war, weswegen damals die Familie außerhalb der Stadt gewohnt hatte, aber inzwischen war das Städtchen weit über die ehemaligen Stadtmauern hinaus gewachsen. Und vom Urgroßvater des andern Urgroßvaters munkelte man, sein Urgroßvater habe Pilger ausgeraubt; die beiden Städtchen lagen an einem Abkürzungspfad der populären Wallfahrtsroute zu *Unserer Lieben Frau von Einsiedeln.*

Als allerdings einer der Fährmänner behauptete, seine Familie sei in vordenklicher Zeit aus Griechenland eingewandert und einer der Urvorfahren habe auf seinem Boot die Verstorbenen ins Jenseits begleitet, erwarb er sich mit dieser Behauptung kaum Sympathie. Seine Kunden wollten ans andere Ufer gebracht werden und nicht ins Totenreich. Särge wurden auf den Fähren so wenig transportiert wie Urnen. Die, die diesseits des Flusses starben, wollten diesseits begraben werden, und die von der andern Seite auf der andern Seite. So sehr sie sich eine gemeinsame Sägerei oder einen Mühlebetrieb teilten, die Friedhöfe wurden getrennt verwaltet, auch wenn aus Rentabilitätsgründen gelegentlich über ein gemeinsames Krematorium diskutiert wurde.

Erstaunlich, was die Fährmänner an Geschichten kannten. Wer wusste sonst schon, wer und was auf dem Flussgrund hauste. Nicht nur die, welche ertranken, als ein Boot kippte; die Fährmänner wussten auch, wen die Verunglückten hinterlassen hatten und was für Streitigkeiten sich mit deren Erbschaften einstellten. Da unten lag auch die Magd, die ins Wasser ging, nachdem sie ihr Neugeborenes umgebracht hatte. Und fischleibige Wasserwesen stiegen bei Vollmond ans Ufer, bezirzten die Fischer und holten einen mit sich hinunter, mit Vorliebe einen jungen. Diese Geister lockten mit Fischen, die noch niemandem ins Netz und keinem an den Anglerhaken gegangen waren, mit Fischen, die zum Beispiel einen Schnurrbart hatten. Und da unten wären Terrassen und Freitreppen auszumachen, Kaimäuerchen und Stege, auch was sonst bei Unwetter an Boden weggerissen und nicht weggeschwemmt worden war, sondern was an Ort und Stelle versank. Nicht nur Schlamm und Schlick, sondern auch Gemüsebeete und Blumenrabatten wie die mit den Unterwasserrosen.

Einige Fährmänner ließen sich Besonderes einfallen wie der, der mit Liebesgeschichten auftrumpfte, mit erlebten: er habe sie direkt vom Fluss, dieser höre jeweils mit, was Verliebte beim Eindunkeln an den Ufern, im Gebüsch und auf Bänken, einander zuflüstern.

Ein anderer sagte von sich, er habe ein drittes Auge geerbt, jedenfalls eines, das Dinge sehe, die andere nicht wahrnehmen. Er erblicke die Bilder von denen, die sich in diesem Fluss gespiegelt hatten, nicht nur die Gesichter von Menschen, auch solche von Blumen und Sternen: das Wasser habe ein Gedächtnis, aber es müsse acht geben, dass die Wellen nicht alle Erinnerungen wegspülten.

Beliebt waren Kommentare zu aktuellen Ereignissen. Die Fährmänner führten aufs Gramm genau an, wie viel Schwarten der Metzger unerlaubter Weise verwurstet hatte, wer beim Einkauf der Uniformen für die Feuerwehr mitverdient hatte, dass der Zeichenlehrer den Schülerinnen schon lange beim Duschen zugeschaut und beim Abtrocknen nachgeholfen hatte, dass der Notar beim Handwechsel von Liegenschaften die Hand hinhielt, was sich im Sommerlager der Pfadfinder alles tat, was das Brautkleid der Bärenwirtstochter kostete und dass diese die Schneiderin in Raten bezahlte.

Die Fährmänner wussten mehr, als was im Radio zu hören oder in der Zeitung zu lesen war. Trotz aller gegenseitigen Freundlichkeiten standen sie in Konkurrenz. So war es möglich, dass der eine Fährmann den Fahrradmechaniker als Schwängerer der Lehrtochter nannte, während der andere behauptete, es sei der Expressbote gewesen, man wisse schließlich, er habe dabei im Heuschober die Medikamenten-Eilsendung für die Apotheke liegen gelassen.

Ob Unglücksfall oder Verbrechen – die Erzählungen durften nicht länger sein als eine Überfahrt dauerte, spätestens beim Aussteigen musste die Pointe mitgeliefert werden.

Überraschend daher, als ein Fährmann sich eine Fortsetzungsgeschichte ausdachte: »Die geheimen Reisen von Don Juan«. Doch schon nach der ersten Episode erhob sich Protest; es fuhren regelmäßig Schüler und Jugendliche mit. So wechselte der Fährmann zu »Alltags-Opfer wie du und ich, von der unglücklichen Kindheit eines Serienkillers«, was pro Fahrt mindestens einen Toten bedeutete. Im Gegensatz zu Sex war Morden weniger anstößig.

Wie auch immer – wenn jemandem etwas unwahrscheinlich und unglaubwürdig vorkam, hieß es: »Erzähl du das dem Fährmann.«

Die traditionelle Fahrtpraxis wurde gestört, als Jugendliche mit Transistor-Radios zustiegen und ihre Musik aufdrehten; dies wurde von den übrigen Passagieren nicht hingenommen, auch wenn die Jugendlichen die Lautstärke drosselten. Das Problem löste sich von alleine, als portable Kassettenrecorder zum Standard der Teens avancierten. Da erzählten die Fährmänner ins Leere; die alten Geschichten fanden kein Gehör bei den mit Hörern verstopften Ohren der heranwachsenden Generation.

Man hat diese aufkommende Mode später als Zeichen dafür genommen, dass es mit der Fährenzeit vorbei sei. Denn schon längst war am Stammtisch, bei Einkaufskassen, nach dem sonntäglichen Gottesdienst oder einfach auf der Straße beim Plaudern und Schwatzen die Rede davon, dass Neues bevorstehe – man wollte auf der Höhe der Zeit sein, wie dies im Fernsehen ersichtlich war.

Erinnerungswürdig der Moment, als ein Volksschullehrer beim Verteilen des Examengebäcks sagte: »Wir leben einen historischen Moment«. Alle horchten auf, sahen sich an, reckten sich und nickten; sie waren entschlossen, sich dem historischen Moment zu stellen und überlegten, wie man das macht.

Der Entscheid, eine Brücke zu bauen, wurde im Stadtrat des einen Städtchens gefasst und in der Stadtkammer des andern Städtchens besiegelt. An dem Tag hissten die Fährmänner eine schwarze Flagge und stießen bei Abfahrt und Ankunft ins Nebelhorn, obwohl es ein heiter heller Tag war.

Dass Mädchen und Buben im Kindergarten ermuntert wurden, Brücken zu zeichnen, und dass im Turnunterricht Leibesübungen im Brückenstil trainiert wurden, waren Beispiele dafür, wie das Brückenfieber grassierte. Jedermann wurde klar: Bei historischen Momenten steigt die Temperatur.

Zum Disput kam es, als die ersten Entwürfe vorgelegt wurden. Jedes Städtchen war für sich an die Planung gegangen. Groß die Überraschung, als sie die Modelle verglichen: die einen schlugen eine Holzbrücke vor und die andern eine Betonbrücke.

Eine Holzbrücke, wenn möglich noch überdacht, spotteten die einen und priesen den Beton als filigran und fortschrittlich. Die andern redeten von einem trostlos-grauen Steinklumpen, der nicht zu Riegelhäusern passe. Gitterwerk lasse sich nicht nur mit Holz, sondern auch mit Beton herstellen, wurde als Gegenargument vorgebracht. Dem Beton wurde als Alternative die Verwendung von Brettschichtholz entgegengehalten. Widersprüchlich die Angaben für die Ermüdung der unterschiedlichen Baumaterialien.

Die Auseinandersetzung von Kommissionen und Fachleuten war nicht zuletzt, wie das regionale Wochenblatt auf der ersten Seite schrieb »ein Kampf zwischen Großvater und Enkel, zwischen Heimat und Risikozukunft«.

Nicht weiter eingegangen wurde auf die Intervention einer interkonfessionellen Mediationsgruppe, die eine Begegnung durchführte »im Zeichen der Versöhnung«: Pfeiler aus Beton und darüber eine Holzkonstruktion. An diesem Abend gab auch jeder der Fährmänner zur Auflockerung beste Geschichten preis. Die Fahrleute gestalteten längst die Überfahrten attraktiver, indem sie Snacks und Dosengetränke zum Selbstkostenpreis feilboten.

Einig wurde man sich wegen der Zufahrtstraßen über die Topografie und auch über die Belastbarkeit: Keine Laster, sondern nur Privatwagen und Pickups und für Busse eine Sonderbewilligung. Einig wurde man sich auch, was die Sicherheit bei Erdbeben betraf, da man ja kaum mit dem Ernstfall von Erdbeben rechnen musste.

Zur allgemeinen Aufklärung bot die Volkshochschule des einen Städtchens einen Zyklus an: »Die Brücke als Symbol«; doch musste der Eröffnungsreferent den Titel seines Vortrags ändern: »Die Brücke als Überspannen von Hindernissen«.

Dieser Vortragsreihe antwortete das Gegenufer mit einem kulturellen Wochenende unter dem Motto: »Die Brücke als Liedmotiv«. Allerdings, als der Cäcilienchor sang »a jedes Bacherl hat a Brückel«, erhoben sich einige zum Protest: wie es komme, dass man einen berühmten Nebenfluss als »Bacherl« besinge.

Es wurde gebaut. Die, welche eine Bogenbrücke aus Beton geplant hatten, ließen sich nicht von ihrer ursprünglichen Absicht abbringen; unter den Bogenvarianten hatten sie sich für den Segmentbogen entschieden, auf das Risiko hin, dass dieser nur bis zur Brückenmitte reichte.

Desgleichen auf der Gegenseite. Die Verteidiger der Holzbrücke kamen auf ein früheres Projekt zurück, nämlich auf das einer gedeckten Brücke; sie entschieden sich für eine Dachhaut aus Bitumendachpappe.

Eine Kontaktkommission kümmerte sich während des Bauens darum, dass die beiden vorgesehenen Fahrbahnen sich in der Flussmitte auf geplanter Höhe trafen. Dementsprechend stießen auch zwei unterschiedliche Geländer wie programmiert aufeinander: Ein hölzernes mit Laubsägearbeiten nach Volkstanzmotiven und eines mit auf getünchtem Beton abstrakten Grafitti »Ohne Titel« von eins bis elf.

Zu einem Zwischenfall kam es, als das Holzbrückenkonsortium wegen des Unterbaus den Fluss ausbaggern ließ. Es kamen ans Tageslicht rostige Fahrräder und Toilettenschüsseln, als Besonderheit Stacheldrahtrollen, zudem Koffer und Schachteln, zerbrochenes Geschirr und zur Verlegenheit im Dreck unzählige Kondome. Das entsprach nicht dem, wovon die Fährmänner erzählt hatten. Daher kam es auf der Gegenseite ebenfalls zum Einsatz von Baggern, aber die beförderten nicht viel anderes, sah man von einem Garderobenständer ab und einer Schreibmaschine mit dem Besitzeretikett »Sozialamt«.

Bei der Einweihung standen sich in der Brückenmitte die beiden Stadtpräsidenten gegenüber. In Erinnerung an den Baumstamm als erste Brücke der

Menschheit begann der eine seine Rede damit, dass schon die alten Babylonier Holzbrücken bauten, und zwar aus Zedern- und Zypressenholz; dann ging er über zum Lob des einheimischen Mischwaldes und seiner Hölzer insbesondere der sagenumwobenen Eiche.

Der andere redete vom Wunder eines künstlichen Gesteins: mischen sich Zement und Gesteinskörnung mit Kies, Sand und Split, entsteht dank des Anmachwassers ein flüssiger Baustoff, der sich in alle nur denkbaren Schalungen gießen lässt, auch in die Form eines Bogens, wie dies unsere Brücke majestätisch beweist.

In der frühen Nacht wurden an beiden Ufern Frösche, Sonnenräder und Vulkane gezündet, und am Himmel explodierten weiße Ringe, Drachen, Pyramiden und als Finale ein brennendes Herz. Was auf dem Boden oder in der Höhe an Feuerwerkskörpern zu sehen war, glich sich mehr oder weniger; die Organisatoren der beiden Festabende hatten sich bei der gleichen pyrotechnischen Firma »Himmelszünder« mit einem Sonderangebot eingedeckt.

Nach der Einweihung erschien in der regionalen Wochenzeitung ein ganzseitiger Bericht unter dem Titel »die hässlichste Brücke weit und breit – was unsere Landschaft alles ertragen muss«. Das löste an beiden Ufern offiziellen und privaten Zorn aus, auch wenn es insgeheim Zustimmung gab: hässlich war man wegen des andern Ufers geworden.

Doch dann kamen die ersten Neugierigen, manche mit dem Fahrrad und viele Wanderer. Kaum jemand aus den näheren und weiteren Nachbarorten, der nicht sehen wollte, was die einen als »Beleidigung der Landschaft« empfanden und andere als »Triumph einheimischer Originalität« priesen. Die Verwaltung sah sich gezwungen, Parkplätze zu errichten, und zwar auf beiden Seiten. Man nahm es schon fast als selbstverständlich hin, als die ersten Japaner in Bussen eintrafen. Die Imbissstuben boten nicht mehr nur Bratwürste, Frühlingsrollen und Kebab an, sondern auch Sushi.

Ein Großereignis war, als die Vorsitzende der Stiftung »Für jetzt und immer« ihren Besuch ansagte. Am einen Ufer wurde sie mit Kaffee und Kuchen bedient und am andern mit einer in Schnaps gedünsteten Wurst. An beiden Ufern gleichermaßen gefeiert, erklärte sie, dass eine solche Brücke Ausdruck der Postmoderne sei. Regierung und Bevölkerung hatten zur Kenntnis genommen, dass man mit dem »historischen Moment« auch noch postmodern geworden war.

Am liebsten ließen sich die Touristen in der Brückenmitte fotografieren: dort, wo ein Bogen in der Luft abbrach, und ein Dach willkürlich aufhörte – neben

einem flatternden Schwan und einem Kaninchen mit einer stilisierten Karotte.
Der Nichtübergang von einem abgebrochenen Bogen zu einem Dach, das in die Luft hing, konnte aber nirgends eindrücklicher wahrgenommen werden als vom Wasser aus. So fuhren die Fährmänner die Touristen mit ihren Booten bis in die Flussmitte, von wo aus diese ihre Aufnahmen machten.

Einmal mehr waren es die Fährmänner, die Dinge wussten, von denen sonstwo nichts zu erfahren war, auch nicht in den Prospekten, wie sie in den Tourismusbüros auflagen.

Wie zum Beispiel darüber, dass der Präsident der Schlichtungskommission gleich nach der Einweihung in die Nervenklinik eingeliefert worden war, nicht wegen der Streitigkeiten, sondern wegen der Bauvorschriften.

Holzbrücke, so vernahm man, ja, wissen Sie, was für ein Unternehmen der Hauptinitiant der Holzbrücke betreibt? Holzhandel en gros und en détail. Auf dem Hauptplatz stehe jetzt anstelle des historischen Waschhauses ein Showroom für Kleinmöbel. Und der Gemeindeschreiber stammt aus der Familie, der die chemischen Werkstätten »Im Reagenzgläslein« gehören; von dort hat man fassweise das Formalin bezogen, mit dem man das Holz gegen Wasserschaden imprägniert.

Und Beton auf der Gegenseite, so viel anders ist das auch nicht. Haben Sie sich nicht gewundert, dass bei der Auffahrt zur Brücke die Evangeliker am Samstag einen Stand auftun: »Die Bibel auf dem Familientisch«. Man munkelt nicht zu Unrecht von irgendwelchen Beziehungen zwischen dem Wochenend-Missionar und dem Kieswerk; einzig ein Plakat mussten sie entfernen, um Missverständnisse zu vermeiden, wenn vor dem Brückentor großformatig zu lesen war: »Tut Umkehr«.

Auch auf der Holzseite sei es zu einem Verbot und einem polizeilichen Vorfall gekommen. Vor zwei Wochen noch waren beim Brückenaufgang auf Stellwänden Photos von Holzfällern ausgestellt: »Ein Wald, der für eine Brücke starb« – eine Aktion der »Gruppierung Grün«.

Die Fährmänner erzählten von der Zeit, als es noch keine Brücke gab. Damals, als die Kinder für die Grundschule von einem Ufer ans andere fuhren und die Fortgeschrittenen beider Ufer gemeinsame Klassen besuchten; damit sei es nun vorbei, jedes Ufer pflege jetzt seinen eigenen Coiffeur und Milchladen, selbst die Altkleidersammlung würde nicht mehr gemeinsam durchgeführt.

Die Fährmänner, bedroht vom Verlust ihrer Arbeit, waren philosophischer geworden. So meinte der eine, Lug und Betrug gehörten zum festen Kulturgut; sie würden jeden Fortschritt überdauern, indem sie sich ihm anpassten. Und der andere dozierte: Was auch passiert, es lässt sich erzählen. Nur: Wer erzählt den Weltuntergang, wenn kein Fährmann mehr da ist. Beide, mit Schlapphut und Radmantel, empfahlen die Broschüre eines Volkskundlers, die bei den beiden Souvenirständen auflag: »Die Brücke als völkerverbindendes Risiko.«

Was müssen das für Zeiten gewesen sein, als wir *keine* Brücke hatten. Was die einen mit Nostalgie vorbrachten, war für die andern unzeitgemäß. Ohne Supermarkt und Boutiquen, das waren andere Zeiten als die unseren, die jetzigen.

Bernd Cailloux

Laufzettel

Am Tage nach meiner Geburt war es nicht einfach, in der Innenstadt von Erfurt ein Taxi zu kriegen – das Ende des Zweiten Weltkrieges lag gerade erst einen Monat zurück, als ich aus dem Krankenhaus getragen wurde. Ein an der Klinik vorbeikommender US-Soldat bot der Frau, die mich dort geboren hatte, eine Mitfahrgelegenheit in dem von ihm allein genutzten Taxi. So erreichten Mutter und Kind das damalige Quartier der Familie, ein Bauernhaus in einem nahe der Stadt gelegenen Dorf namens Möbisburg. Von nun an kam der im Nachbardorf stationierte, farbige Amerikaner alle paar Tage zu Besuch. Er wollte sich vergewissern, ob es dem mit seiner Hilfe heimgebrachten Taxi-Baby noch gut ginge. Leider tat er das nur für eine recht kurze Zeit – dann wechselte im Dorf Möbisburg die Besatzungsmacht von der amerikanischen zur russischen. Abgesehen von der zwangsläufig verordneten Neubestimmung der Zugehörigkeit, verlor ich durch diese nicht jedem verständliche militär- und weltpolitische Fügung im Alter von vier, fünf Wochen bereits einen ersten Freund.

Im Laufe der Jahre habe ich mehrere Male meinen Familiennamen geändert. In die richtige Reihenfolge gebracht, hieß ich zuerst wie mein Vater, danach wie meine erste Ehefrau, um für eine Weile noch den aus beiden gebildeten Doppelnamen zu tragen und nach der Scheidung schließlich den Geburtsnamen meiner Mutter anzunehmen – die für die amtlichen Einträge zu leistenden Verwaltungskosten beliefen sich im Schnitt auf 172 Mark. *So konnte ich in verschiedenen Städten verschiedenen Tätigkeiten unter jeweils anderem Namen nachgehen,* ohne dadurch jemanden über Gebühr täuschen zu wollen. Die erste Stadt, an die ich mich erinnere, war so klein, daß ich nur eine Freundin hatte. An Sommerabenden gingen wir oft durch einen luftigen Mischwald zu einer wenig befahrenen Eisenbahnlinie. Dort legten wir unsere Ohren auf den Schienenstrang. Hörst du etwas, fragte ich. Ja, sagte sie, ich höre Hann-hann, Hann-hann, Hann-over. *Die Zukunft war groß.*

Die erste Arbeitsstelle, an die ich mich erinnere, befand sich in einem niedersächsischen Stahl- und Walzwerk, einer Hinterlassenschaft des schwermetallsüchtigen Nazi-Regimes. Mit pausenlosem Getöse sausten rotglühende Platten an mir vorbei – wie Scheiben aus präzis geschnittener und gebügelter

Lava: Blech für die Welt, heiß von der Walzstraße fallende Tröpfchen für mich, den neuen Werkstoffprüferlehrling. Übers Jahr stellte sich heraus, daß diese Tätigkeit meinen Neigungen zuwider lief. Dennoch brauchte es allen Mut, um durch die vorsichtshalber abgeschlossene Badezimmertür den Eltern diese definitive Erklärung zu geben: Bleche sind ab morgen nicht mehr meine Welt. Mein Vater tobte und schrie, ich tauchte ab, bis das Wasser in der Wanne erkaltete: Hoch lebe die Arbeit, rief er durch die Tür, jaja, hoch – so hoch, daß mein Herr Sohn nicht drankommt. Übers Jahr fügte er sich schließlich meinem Wunsch, Reporter zu werden. Für das erste Auto, das er kaufte, ein DKW 3/6, verlangte meine Mutter auf nachdrücklichste Weise einen der Schlüssel für sich: der stünde ihr, auch wenn sie keinen Führerschein besitzen würde, nun einmal zu – als Familienoberhaupt.

Nur ein einziges Mal saß ich *in einem Jazzkonzert* des Stadtjugendrings Goslar. Die Band wurde im wildesten Dixieland abgewinkt, ein Offizieller betrat die Bühne und gab bekannt, der amerikanische Präsident sei soeben erschossen worden. Mein Freund nahm seinen Geigenkasten und wir setzten uns auf eine Parkbank. Mit großer Nachdenklichkeit tranken wir das gesamte Bier, das er wie immer in dem Kasten mit sich trug. Wenig später wurde im Radio die Rockmusik geboren, und ich kaufte ein Buch, in dem ein noch lebender Amerikaner den Satz geschrieben hatte: »Städte sind Zentren der Kopulation.« Wahrscheinlich hatte er dabei nicht an die Situation der vielen jungen Untermieter in Deutschland gedacht – hier achteten die Beamtenwitwen als selbsternannte Garanten der Volksmoral auf die Einhaltung ihrer strengen Benimmregeln. Demzufolge war mir in den frühen sechziger Jahren eine Überprüfung des Buchzitats in nur geringem Maße möglich. Erst lange nach Verlassen Goslars erkannte ich den prophetischen Charakter seiner Worte.

Niemals werd' ich vergessen, daß ich als Volontär in Oldenburg mit Minister Seebohm und in Essen mit Oberbürgermeister Nieswandt speiste. Alles war frei! Vor der Mahlzeit kam der jeweilige Referent und bat, bitte keine schwierigen Fragen, der Chef ist heut' nicht besonders aufgelegt. Einzig ein kleines Magazin berichtete knapp: *»Nieswandt schläft für Essen.«* Danach begann ich mit einem Semester Publizistik. Jeden Morgen schwärmte Professor Dovifat von der Ashahi Shimbun, die in Tokio als erste Zeitung der Welt mit Hubschraubern und Computern arbeitete. Niemand in der Studentenschaft ahnte etwas von Dovifats großer pressepolitischer Bedeutung während der nationalsozialistischen Ära. Der greisenhafte, stets mit gestärkter Hemdbrust und Vatermörder erscheinende Mann schloß seine Vorlesung jedesmal mit den selben Worten: Tja, meine Herren, man muß sich täglich etwas einfallen lassen. Einem Mitstudenten und mir fiel andauernd etwas ein, Geld, beziehungsweise der Mangel daran, der behoben sein wollte. Die dafür nötige Geschäftsfähigkeit wurde uns vom Gesetzgeber angeboten – bereits ab dem achtzehnten Lebensjahr.

Vermutlich hat sich jeder schon mal gefragt, *wie die vielen Automaten in unsere Republik gekommen sind.* Ich bin daran nicht ganz unschuldig. In Bremen lernte ich einen jungen Russen kennen, der voller morbider Vertriebsideen steckte. Er war überzeugt davon, daß jede Ware automatisch verkauft werden könnte, auch Damenstrümpfe. Wir fuhren in ein kleines Dorf mit etwa vierzig Häusern. Das Angebot war für den einzelnen Eigentümer rechnerisch leicht nachvollziehbar: vierzig hier wohnende Ehefrauen mal zehn Paar Strümpfe Verbrauch im Jahr bringt mit eigenem Automaten soundsoviel Gewinn. Jeder von uns machte zwanzig Verträge und kassierte hohe Kautionen von den Hausbesitzern. Wochen später hing an jedem Haus des Dorfes ein schöner Strumpfautomat. Der Russe gründete bald darauf eine nonkommerzielle Organisation – die soziodelische Revolution, ein in jenen Wirtschaftswunderzeiten allerdings nur wenig beachtetes Ereignis.

Bei der *im Jahr Neunzehnhundertachtundsechzig zu Ostern* gegen den Springerverlag gerichteten Demonstration wurden in Hamburg keine Zeitungslieferwagen in Brand gesteckt. Gleichwohl schufen zwanzigtausend Protestierende und die Sicherheitskräfte vor der Zentrale in der Kaiser-Wilhelm-Straße eine höchst angespannte Situation. Als einziger versuchte mein Jugendfreund Roland, die Absperrung zu durchbrechen und zum Haupteingang des Verlagsgebäudes zu gelangen. Er bestand auf dem Recht, den von der skandierenden Menge umstandenen Platz unbehelligt durchqueren zu dürfen, um beim Pförtner die Nachtausgabe der »Bild-Zeitung« kaufen zu können: Das ist mein Verständnis von Freiheit, sagte er, darauf bestehe ich gerade jetzt. Sein Kaufwunsch wurde ihm jedoch von gleich zwei Seiten abgesprochen – von den handgreiflich werdenden Polizisten und von den völlig verständnislosen Demonstranten auch. Nur ich wußte, daß er diese Zeitung zutiefst verabscheute, aber der ihm diktatorisch vorkommenden Protestbewegung unbedingt seine Vorstellung von Souveränität entgegenhalten wollte. Spätestens an jenem Osterfest begannen lang anhaltende Irritationen.

Nicht jeder Mitstreiter wollte seinerzeit verstehen, daß die Jugendrebellion neben anderem eine Reihe neuer Geschäftsideen mit sich brachte. Alles sollte revolutioniert werden, auch der deutsche Tanzboden. Zwei Freunde und ich experimentierten in Düsseldorf so lange, bis wir *das Stroboskop*, den Disko-Blitz, erfunden hatten. Voller Elan und mit leeren Taschen gründeten wir die »Muße-Gesellschaft«, eine Hippie-Firma, die auf malerische Art in einer Gartenlaube hauste. Von der Idee her war sie als antikapitalistischer Betrieb und fünfte Kolonne im Kapitalismus gedacht, ein naturgemäß schwer zu realisierendes Vorhaben. Anfangs teilten wir den Traum, im Kollektiv, in einer Gruppe mitzuwirken, die ähnlich funktionierte wie eine Band, der Höchstform des Teams: alle arbeiteten für den gleichen Lohn. Wir entwickelten, bastelten, löteten serienreife Geräte zusammen, erfanden die neuen Berufe Lichtarchitekt oder Videodesigner und gerieten in den Sog eines unerwartet rasanten Aufstiegs. Doch wo endet das Licht des Kollektivs, und wo beginnt das Dunkel des Kapitalismus'? Daß bei einem subversiv angelegten Unternehmen bereits im Gründungsjahr 1968 so viel Geld hereinkommen sollte, konnte keiner ahnen. Das Festhalten an den Idealen auf der einen, das Aufkommen der Macht- und Geldgier auf der anderen Seite schufen ein schizoides Patt, das meine Vorstellungen sprengte – und die Gruppe auch. Wegen der vergeblich bleibenden Suche nach einem vertretbaren, dritten Weg verließ ich die Stadt und die Gesellschaft – reicher nur an Erfahrung.

Heute sagen Soziologen, in den Jahren der Revolte habe *das Subjekt im Zentrum* gestanden. Allerdings mußte es sich im noch ungewohnten Akt der Selbstbestimmung entscheiden, wohin es gehen sollte – in Richtung politischer Utopien oder in Richtung künstlicher Paradiese. Die Vertreibung insbesondere daraus war eine schmerzhafte Angelegenheit. Infolge meiner persönlichen Experimente mit sogenannten harten Drogen hatte ich mir einen, wie es hieß, »todbringenden Virus« eingehandelt. Zwar wäre es nicht zwingend, eine Parallele vom Rausch der Revolte zum Drogenrausch zu ziehen, aber der Konsum diverser Betäubungsmittel lief nun mal neben all meinen anderen Tätigkeiten her – ein, wie sich herausstellen sollte, doppeltes Nullsummenspiel. Denn die zwanzig-, dreißigtausend Mark, die eine kurze, mit der Virusinfektion verbundene Suchtphase kostete, wurden drei Jahrzehnte später ein zweites Mal fällig – für eine Therapie, die den einstmals eingehandelten Hepatitis-c-Virus pharmakologisch wieder eliminierte. Mit nur diesem einen kleinen Unterschied: das erste Mal zahlte ich eine Menge Geld an eine illegale Drogenmafia, das zweite Mal dagegen an eine legale.

Warum ich diesen aussichtsreichen Job so schnell wieder gekündigt habe? Es lag nicht an der Arbeit, es lag am Umfeld. Dem Bürohaus gegenüber stand eine teilweise rekonstruierte Kirchenruine, ein der öffentlichen Meinung zufolge gelungenes Mahnmal gegen Krieg und Zerstörung. Den ersten Mann, der bis zum höchsten Sims des Turmes aufstieg, sah ich am dritten Arbeitstag. Ich saß an meinem Platz im fünften Stock, und drüben ließ einer in der berühmten Fassade seinen Mantel wehen. Über Stunden ängstigte mich und andere Neueingestellte, wie grausam sich die letzten Minuten eines Menschen in die Länge ziehen können. In die von innen mit blauem Glas verschlossenen Steinrahmen tretend, umrundete der Mann viele Male den Kirchturm. Ich verweigerte die Annahme jeglicher Telefongespräche. Die Chefsekretärin trippelte an uns vorbei in ihren Feierabend: Ach der da, sagte sie, der springt nie. Kurz darauf segelte sein ausgebreiteter Mantel in Zeitlupe herunter – ein Menetekel von ganz oben? Die Chefsekretärin behielt recht. Aber der bevorzugte Startplatz für den Todesflug lag exakt auf Höhe meines Schreibtisches. Nach dem Absprungversuch des vierten Mannes verließ ich die Firma – noch vor Ende meiner Probezeit.

Eines schönen Nachmittags bin ich tatsächlich Berliner geworden! Beinahe wäre die Sache noch schief gegangen. Die Beamten der Meldestelle 41 gerieten in Aufregung – alle mich betreffenden Unterlagen waren verschwunden. Nur ein Computer erinnerte sich meiner: auf Staatskosten wurde ich noch einmal fotografiert. Der Fotograf, offenkundig Spezialist im Ablichten von Schweißausbrüchen, fragte nach meinem *Sternzeichen* – hängender Linksaußen, sagte ich, Aszendent Ledermann und Samstagswaise. Das wird nicht leicht hier, sagte er mit Blick auf meinen bisher im Land absolvierten Laufzettel – Düsseldorf, Stuttgart und Hamburg sind ja komfortable Orte, aber in Berlins Stadthoroskop steht Saturn im sechsten Haus, was bekanntlich ein hartes und karges Leben für alle Bewohner garantiert. An Spökenkiekerei und andere Zukunftsvorhersagen habe ich noch nie geglaubt.

Doch im Laufe der Jahre mußte ich hin und wieder an diesen staatlichen Foto-Astrologen denken.

Auch für die einzelnen Bezirke im alten Westberlin gibt es einen, vermutlich noch nicht vollständig abgearbeiteten *Laufzettel*. Ein Blick darauf erinnert mich daran, daß sich Anfang der Achtziger Jahre mein, wie man seinerzeit sagte, Arbeits- und Lebensmittelpunkt tatsächlich in Tiergarten befand. Das lag an zwei Frauen. Zu einer dort lebenden Berlinerin fühlte ich mich stark hingezogen, eine andere hatte als Glücksfee im Einwohnermeldeamt meine Karteikarte aus Zehntausenden heraus- und mich somit zum Schöffendienst herangezogen. Aufgrund dieser zufälligen Auswahl wirkte ich vier Jahre lang als Laienrichter in der Abteilung 263 des Amtsgerichts Tiergarten, in der großen Justiz-Kathedrale Moabit, und zwar im eher kleinen Saal 571. Die zu verhandelnden Fälle, nach Adreßbuch nur jene von Krüger, A. bis Lehmann, J., ließen sich auf verschiedene Beschränktheiten der Angeklagten zurückführen, oftmals noch kombiniert mit nur mangelhaft ausgewogenen Einkommensverhältnissen. An manch herzzerreißendem Tag hätte ich lieber ein Bündel Scheine im Saal verteilt als irgendein nichtsnutziges Urteil zu sprechen. Wenn die Gerichtssitzungen bis in den späten Abend dauerten, hörten wir die im Innenhof schallverstärkt aufsteigenden, schaurigen Schreie der Häftlinge aus dem gegenüberliegenden Untersuchungsgefängnis.

Zeitlebends genügte mir das, was innerhalb der Liebesbeziehungen geschah, den Frauen genügte es nie. *In einer rundumverglasten Veranda* hoch über dem Landwehrkanal, schwor ich einer meiner Freundinnen, für immer treu zu bleiben. Zu der Zeit wohnte ich bei ihr – fest, aber nicht ganz fest, nach Art der zweitwohnungsmäßig abgesicherten Berliner Besuchsehe eben. Sie wiederum wohnte in einem der berühmten Energiesparhäuser, ein anläßlich der Internationalen Bauausstellung errichtetes und mit zukunftsweisender Technik ausgestattetes Gebäude. Um seinen Sinn zu erfüllen, heizten wir uns gegenseitig mächtig auf und ein, badeten dreimal am Tag und ließen auf der Toilette auch sonst keinen Wunsch der Architekten unberücksichtigt – denn all diese, von zwei Körpern freimütig abgegebenen Flüssigkeiten und Ausdünstungen wurden nebst der verbrauchten Wärme auf wundersam ausgetüftelte Weise innerhalb des Gebäudes recycelt. Nächtelang lagen wir im ökologischen Schlafzimmer und sparten durch unsere Aktivitäten die Energie für das halbe Haus zusammen. So einen kalorischen Zauber gab's nur einmal im Leben, in Tiergarten. Am Ende des Jahres jedoch steckte die Energiesparhaus-Verwaltung eine höchst überdurchschnittliche Heizkosten- und Warmwasserrechnung in den Briefkasten.

Wie lange dauert es, bis man sein fiktives Ich verläßt und zurückkehrt zu seinem ursprünglichen, tatsächlichen Ich – *jenseits der Irrungen und Wirrungen*?

Nichts tun können gegen die gelegentlich aufkommende Sehnsucht, nichts zu tun. Eine weitere Phase hinnehmen, in der mit einem wenig anzufangen war. Eine Zeit im Dämmer eines noch unbegriffenen Umbruchs verbringen, gefüllt mit Bildung und Sport, den ungleichen Geschwistern der Arbeit. In den fünfziger Jahren des vergangenen Jahrhunderts glaubte jeder, ein einmal gelernter Beruf reichte ein Leben lang. Zwei Jahrzehnte später hieß es, für das gleiche Leben würden höchstwahrscheinlich drei Berufe gebraucht. Und heute? Nach wie vor gibt's nur vorübergehende Gunst und Ahnungen. Qualifikationen für den Augenblick. Netzwerke und Zufälle. Klüngel. Widerstandsnester. Dort ißt so mancher einen Hering und klebt bunte Gräten an die Zimmerdecke. Und bleibt wie einst der große Künstler als armer Mann in der Ecke sitzen. Regierungen sind nichts weiter als Reparaturbetriebe.

Nur eine Weltsekunde lang hatten wir passende Theorien, die halbbegriffenen, utopischen Theorien der sogenannten Achtundsechziger-Bewegung, die mit den schwer erklärbaren Begriffen wie »Freiheit«, »Gemeinschaft« und »Autonomie« anfangs ziemlich leicht umging. Theorie und Praxis der betrieblichen Arbeit sollten frei nach Marx in eins fallen, bei der Entlohnungsfrage könnte ein kulturrevolutionäres Gerücht aus Mao Tse-Tungs China den Anstoß gegeben haben, das Kollektiv so und nicht anders zu führen. Daher galt in der einen oder anderen subkulturellen Firma die Vereinbarung, jedes mitarbeitende Mitglied als gleichberechtigt zu betrachten und zu bezahlen. Auch wir in der »Muße-Gesellschaft« waren seinerzeit einen historischen Wimpernschlag lang »von Natur« aus Kommunisten. Noch Jahrzehnte später kreisten meine Gedanken immer wieder um diese alten Geschichten: Wir haben es vermasselt, verpaßt die Chance, ergebnislos die Richtungskämpfe damals in der Gartenlaube – zu schön die Vorstellung einer herrschaftsfreien, selbstbestimmten Gruppe, in der jeder Arbeitende am Besitz des Ganzen seinen Anteil hätte. Doch das, was zu klären gewesen wäre, wurde immer wieder nach dem Links-Rechts-Schema diskutiert, dem offenbar alleinigen Deutungsmuster, tertium non datur. So dreht sich bis heute alles um den altbekannten moralischen Konflikt: das Ideelle und das Ökonomische kriegen wir einfach nicht zusammen.

In einer Bar in Frankfurt am Main sprach ich einmal mit dem dritten Mann im Unternehmen, der Vorstand war in Peking, der Stellvertreter beim Papst. Um eine gefällige Bemerkung zu machen, sagte ich: Eine beachtlich große Menge Mitarbeiter laufen in Ihrem Haus herum. Das mag so aussehen, antwortete er, aber leider sind nicht alle so effektiv, wie wir es uns wünschen. Ich fragte: Warum entlassen Sie diese Leute nicht einfach? Er klackerte leise mit den Eiswürfeln im Glas, draußen Rush-Hour, drinnen blaue Stunde. Wenn wir all jene uneffektiv Arbeitenden entlassen würden, bräche der Laden zusammen. *Jahre später sprachen wir uns wieder.* Wir gingen durch leere Flure, schauten in halbbesetzte Räume. Unvermeidbare Entlassungen, sagte er, der innovative Imperativ, nur so schreiben wir weiterhin schwarze Rendite-Zahlen. Ich sagte sinngemäß: Das wahre Kapital ist nicht das Geld, sondern die Kreativität der Menschen. Er lächelte und sagte: Den Satz haben wir mal in einer Werbebroschüre gedruckt – ein Zitat von Joseph Beuys, nicht wahr? Auch nach diesem Gespräch dachte ich, wie oft mußtest du eigentlich schon umdenken…

In Wahrheit sitze ich jeden Tag *Stunde um Stunde am Schreibtisch*, seit einem Vierteljahrhundert schon – die ein halbes Leben verschlingende Suche nach der richtigen Tätigkeit endete hier. In einem überraschend alten Beruf, der eher mich gefunden hat als ich ihn. Dafür gibt es nur unzureichende, letzte Erklärungen. Glücklicherweise ist die Tätigkeit des Schriftstellers nach wie vor einer der wenigen Berufe, mit dem man – ohne lächerlich zu wirken – so gut wie kein Geld verdienen kann. Bei seiner Ausübung fällt es daher spielend leicht, den eigenen Materialismus zu überwinden und vielleicht sogar etwas Sand ins Räderwerk einer totaler werdenden Ökonomisierung des Lebens zu streuen. Beim Schreiben geht es zum Glück nicht ums Geld, dem zerstörerischsten aller Signifikanten. Unabhängig von seinem Gelingen bleibt jedoch eine wohltuend dauerhafte Erkenntnis bestehen – während der Stunden um Stunden, in denen ich die Arbeit eines Schriftstellers leiste, bin ich der bessere Mensch.

An einem *Sonntagmorgen* gegen sieben lag ich *auf dem OP-Tisch* der urologischen Notaufnahme des Franziskaner-Krankenhauses – mit entblößtem Unterleib, den Penis und die Harnröhre von einem großkalibrigen, steifen Katheter durchbohrt. Der Grund war eine vom Würgegriff der über die Jahrzehnte vergrößerten Prostata verursachte und die ganze Nacht andauernde, schmerzhafte Verhaltung. Wahrscheinlich kam es zu dieser Störung wegen des auf kühler Terrasse geführten Partygesprächs mit einem Kulturbeamten, dessen steten Redefluß ich trotz meines dringenden, jedoch immer weiter aufgeschobenen Bedürfnisses nicht unterbrechen wollte – aufgeschoben aus Sorge, er würde nach meinem Toilettengang seinen Erzählfaden verloren oder sich jemand anderem zugewendet haben. Das wurde aber höchste Zeit, sagte Stunden später der behandelnde Oberarzt im Krankenhaus und fragte, was machen Sie denn so beruflich? Bin Schriftsteller, antwortete ich – ach, sagte er, mal was anderes. Eine mit dem in mir steckenden Kathetergestänge hantierende, etwas füllige OP-Schwester beugte sich lächelnd über mich und wurde neugierig: Schreiben Sie auch Liebesromane? Zur Zeit nicht, sagte ich und schaute angespannt in die von ihr ringsum aufgestellten, roten Plastikeimer. Unter dem Operationstisch begann es bald leise zu plätschern – ein fürs erste außerordentlich beglückendes Geräusch.

Uwe Kolbe

Hölderlins Gewissen
– Skizze, Farce, Gegrübel –

1

Die Hecke war von hochgewachsenem, dichtem Buchsbaum. Es war der erste Donnerstag im Oktober, die Natur schon in Farben. Der Garten hinter dem Haus stand in leuchtender Pracht. Ich sah das Winken ihrer Hand. Ich sah es in den Spalieren beim Haus, der Feige und dem Maulbeerbaum mit dem gestützten Ast, die sich beide an die Südseite schmiegten, in den Rosenstöcken, die den Kiesweg säumten. Ich sah es dort hinten auf der Wiese, beim Pavillon, in der Umkränzung der Stricke, mit denen die Schaukel am Ast einer der beiden Eichen befestigt war. An der Ecke ihr Fenster. Ich kannte jeden Raum im Haus, so auch das Zimmer hinter diesem Fenster, ich wußte, wie es dort duftete. Ich sah ihre Hand mir winken und hörte sie rufen. Eine Halluzination. Da sich in Wirklichkeit noch nichts rührte, ging ich den Weg am Bach entlang zum Wirtshaus Lersner. Die Bedienung fragte nach dem Befinden.

Wir waren dort jeden Sommer ein paar Mal im Garten eingekehrt, mit den Kindern oder ohne, manches Mal auch mit ihrem Mann, wenn er sich die Zeit nahm. Auf meinen Gesichtsausdruck hin stellte sie das Krüglein mit dem Viertel Apfelmost stumm vor mich hin.

2

Nun wagte ich es. Der Hausherr kam wochentags nie vor sechs Uhr aus der Stadt. Zwar hatte ich kein Zeichen von Leben gesehen, aber ihren Brief noch einmal und noch einmal gelesen. Ich hatte mich auch im Wirtshaus vergewissert, Tag und Uhrzeit stimmten. Ich nahm den Dienstboteneingang, niemand konnte mich sehen. Ihr Haar lag offen auf dem zarten Rücken, von dem das weiße Kleid einen schönen Bogen frei ließ. Das Profil im Gegenlicht. »Holder«, sagte sie, »es ist schön, daß du wirklich gekommen bist, aber Du weißt…« Ich fiel ihr ins Wort: »Ich war umsichtig, laß es nur diesmal so sein.« Wir standen nah voreinander und berührten uns nicht. Ihr Duft von zartem Lavendel. Auf dem Sekretär ein Brief, an dem sie geschrieben hatte. »Darf ich dir eine Feder schneiden?« Ich nahm eine Gänsefeder her und schnitt mir prompt mit dem Federmesser in den Ballen. Nur Augen für sie. Ich tupfte einen Tropfen Bluts vorn nah an den Kiel. Sie lächelte und versorgte die Feder im Sekretär in dem Fach, dem sie zugleich einen versiegelten Brief entnahm und mir gab. Wie ihre Augen immer mehr glänzten, und auch mir wollte es die Nase hoch steigen. »Du mußt nun gehen«, kam es zögerlich, und ich darauf: »Leb wohl, bis November, Geliebte.« »Mein Holder«, hörte ich noch leise, als ich schon den Fuß auf die schmale Mägdestiege gesetzt hatte.

3

Es war Mitternacht, als ich in Homburg anlangte. Die Wanderung hatte mir wie immer wohl getan. Nun fand ich mich in dem Zimmerchen wieder, in der Kemenate, im Loch. Kack-Loch. Ja, Sinclair hatte alles bereitet, der Liebe. Doch noch war ich nicht angekommen. Die Mutter hatte zuerst kein Geld geschickt, nur Weißwäsche und so weiter. Ich wollte hier als freier Schriftsteller leben, ja! Ich hatte ein wenig Erspartes aus Frankfurt. Und sie hielten mich hier frei. An Sinclairs Seite wird einer keinen Heller los. Doch das Gnadenbrot sollte es nicht werden. Das würden sie bald sehen. So aber und vor allem war ich aus dem Himmel gefallen, direkt auf den Taunus herab. Herrgott, warum hast Du mich aus dem Paradiese vertrieben, der Du weißt, wie sehr ich dort an Stattlichkeit gewinnen durfte, an ihrer Seite, an ihrem Busen? Nun hier, allein, im Pißpott. Arbeit wird helfen. Ich werde arbeiten, Ihr Affen, Ihr werdet es sehen. Her mit dem Papier. Papier, hilf, laß Drama wachsen, daß sich die Welt Rhein, Main und Neckar hinauf und herab dran fetzen soll. Doch erst den Brief an Schiller, an den Meister!

4

»Sinclair, Sinclair!« Ich hatte ihn beim Morgenspaziergang erwischt. »He, was ist mit deinen Augen, lieber Freund?«, fragte er, und ich log nicht: »Ich habe die ganze Nacht geschrieben, stell dir vor, Briefe geschrieben!« »An sie? Das kann ich dir nicht verbieten, aber wenn es auf die Gesundheit geht, da bin ich davor. Hier bin schließlich ich für dich verantwortlich.« Sein Lächeln war sehr hübsch anzuschauen in der Morgensonne, und es sprudelte aus mir hervor: »An Neuffer, an Hegel, an Schiller wegen meiner Zeitschrift, wegen der Zukunft. Und wir werden den Landgrafen als Abonnenten haben und seine Töchter und wir werden…« »Halt!« rief er dazwischen, und noch einmal: »Halt, Klotz, halt, laß uns erst einmal auf einen Türkischen gehen und eine Brezel, komm, und dann erzähl es mir ruhig, Du Irrwisch!«

5

Ich legte ihm meine Pläne als Schriftsteller dar. Der zweite Teil des *Hyperion* würde rasch fertig werden, das Drama desgleichen, das ihm gefallen würde. Der Plan der Zeitschrift. Es war einfach, es würde Geld geben, die richtigen Leute würden mittun. Wir würden die Sache des Fortschritts beschleunigen. Mein Drama, – »Sinclair, mein Drama, hier kann ich es schreiben, an deiner Seite, unter deinen Fittichen! Du weißt es zu deuten für dann, du bereitest die Ankunft der Götter ja vor!« – es würde die endgültige Form annehmen und auch in der ›Iduna‹ erscheinen.

Wie er den Namen fände, das ganze Projekt. Er fragte nach den Geldgebern. »Cotta,« rief ich, »Cotta habe ich auch geschrieben, alles diese Nacht. Er wird es in Verlag nehmen, ich weiß es, ich kenne ihn. Und wenn Schiller mittut, sowieso. Wenn die richtigen Leute dabei sind, die, um die es uns geht, mein starker, guter Sinclair, dann hat es keinen Mangel.« Und den Namen, den Namen? »Er ist schön,« sagte er, »er klingt uns anheimelnd lateinisch in den Ohren, auch wenn er nordisch ist. Die goldenen Äpfel mögen uns nie ausgehen und ewige Jugend gewiß sein.« Ich umarmte den jungen, schönen Liebling der Götter stürmisch und hätte ihn beinahe vor aller Welt auf den Mund geküßt.

6

Von nun an war der Postbote mein zweitliebster Herr im kleinen, feinen Homburg vor der Höhe. Er war ein stattlicher Kerl. Die Briefe, derer ich ihm in dieser Zeit drei bis vier täglich in die Hand gab, quittierte er mit der Andeutung einer Verbeugung vom Kutschbock herab, zwirbelte sich, dieselben in der Linken, mit der Rechten den immensen Schnäuzer und verstaute sie. Ich aber dachte nur auf Donnerstage. Woran ich schrieb, wenn ich am Drama saß, war nichts als ein Brief an sie, was ich schrieb, wenn ich in Sachen ›Iduna‹ vorstellig wurde, war in Gedanken an diese Trägerin güldener Äpfel. Wenn ich auf Schillers Antwort spannte, dachte ich an Kobus, ihren allzu erfolgreichen, ihren allzu reichen Ehemann, und haßte ihn, haßte Schiller, den Meister, ach den Meister, saß da gelb auf rot, überhitzt. Doch nein, ich lebte vorwärts, ich lebte meiner Arbeit, endlich. Die Töchter des Landgrafen waren mir vorgestellt worden. Das war einmal eine andere als die schnöde Gesellschaft zu dem hohen Frankfurt dort drunten. Sie belegten mich mit Komplimenten für den *Hyperion*. Aber das taten sie auch wieder so, daß ich hochroten Kopfes vor ihnen stand und mich rasch von dannen machte. Es ist so eine Art höherer Töchter, einen vorderhand nicht ernst nehmen zu können und entsprechend vorzuführen, und man schaut ihnen dafür auf den Busen aus lauter Scham, wohin denn sonst?

He, Magister Holterlein, he, schau er sich selbst auf den Busen, aufs Herze und fische in den Gefilden des dunkleren Blutes nach Antwort. Ein Narr von solcher Art ist er doch, nicht wahr?

7

Der neue Frieden zwischen der Revolution jenseits des Rheins und der Allianz des Alten diesseits sollte in Rastatt besiegelt werden. Die Landkarte Europas würde neu gezeichnet werden von Napoleons Hand. Sinclair würde im Auftrag des Landgrafen dorthin reisen, verhandeln, die Interessen seiner geliebten Heimat vertreten, und ich – er hatte es an unserem ersten Abend zu zweit vorgeschlagen – sollte ihn begleiten, Pollux seinen Kastor auf der Argonautenfahrt. Ich zauderte nicht, an einem solchen Abend gab es kein Zaudern, überhaupt keines, da fielen wir wie Liebende ineinander und umfaßten das All. In Rastatt würde mein Drama sich von selbst anbinden an größere Wahrhaftigkeit. Schreiben, ja, Schreiben, sonst nichts, und wissen, wofür es taugt.

8

Ich stürzte mich in mein Drama. Von mir sollte weniger bleiben als ein eiserner Schuh: Empedokles auf dem Ätna. Das Volk und Empedokles, Empedokles und das Volk, der Meister, sein Schüler, und Einsamkeit, Abschied und Hoffnung. Das Vermächtnis an die Gemeinschaft. Das Fest des Selbstbewußtseins des Volkes. Alles fügte sich in eins. Und wie sollte es nicht? Nach der Rückkehr hatten sie mich hier noch mehr aufgenommen wie ihresgleichen. Die Hölle, die Schwärze weggewischt. Ich überstand den November. Wo ich sie – Himmel des Lebens – nicht gesehen hatte, nicht einmal auf dürre Worte wie an dem ersten Donnerstag. Nun aber, nun genoß ich Winterfreuden mit dem aufgeklärten Hofstaat des Landgrafen, mit seinen Töchtern und mit Sinclair, selbstverständlich. Wir fuhren im Schlitten durch den dunklen Wald an strahlenden, eiskalten Tagen. Wir grüßten die Römer mit einem Furor teutonicus der ausgelassensten Art und genossen den Punsch hinterher. Und trübere Tage verflogen mit Philosophieren nach Art der Alten, mit Vortragen aus den Almanachen der aktuellen Muse, wo ich dies und jenes beitragen konnte aus näherer Kenntnis der Autoren. Viele Nachmittage gingen auch mit frischen Noten herum, singend am Klavier. Wollte ich doch auf gewisse Art weiter ein Lehrer bleiben, so mit der Wahl eigner Sujets und am besten mit diesen fähigen Schülerinnen hier, die so unverstellter Anschauung fähig waren. Wie ich die Frankfurter Kinder vermißte, ach meinen Henri, der mir der nächste war, das stand auf einem anderen Blatt. Wie ich deren Mutter angehörte, ich schreinte es ein in Ebenholz. Wäre ich nur von Stand, wäre standesgemäß dort hinein und lässig wieder ausgezogen! Du schäbigs Hofmeisterlein, schau nur einmal in den Spiegel, fahler Geist.

Und, ja, dann gab es noch gegen die Trübsal des Himmels und den Abgrund der Einsamkeit ein und ein anderes Mal einen griechischen Abend mit meinem Sinclair, wo wir zu zweit aus seinen feinen Bechern tranken oder nur aus einem und einander angehörten.

9

Es kam der erste Donnerstag im März. Ich stiefelte durch den Matsch. Es kam der erste Donnerstag im April. An jenem denkwürdigen Tag hatte der Dichter einmal ein Pferd unterm Hintern und wechselte gleich auch einmal in einen behaglicheren Gasthof. Es kam der erste Donnerstag im Mai. Ein Mai, wie er im Buche stand. Ich hatte den Sonnenaufgang noch von der Höhe gesehen. Die Nidda, an der ich bei gutem Wetter jedesmal ein Stück des Weges nach Frankfurt hinab entlang wanderte, auch wenn es nicht direttissimo war, strömte kräftig im ausgewaschenen Bett dahin, und immer wieder schoß ein Eisvogel vorbei.

Gerade noch mit bläulich weißen Blüten gepuderter Schwarzdorn markierte den Zugang des Grundstücks. Ich schlich an der Hecke mit den langen Dornen entlang, die ich durchbrechen mußte, mich über sie hinwegsetzen. Susette stand mit dem Rücken zum Fenster. Das Zeichen, der Leuchter wie verabredet für den Fall, daß mir Eintritt und Aufenthalt verwehrt waren. Wie von ihr vorgeschlagen, nachmittags drei Uhr der zweite Versuch. Der Dienstbote durfte nun nicht einmal mehr den ihm gebührenden Aufgang nutzen, weder vorn noch hinten durfte sich der geschiedene Hofmeister einschleichen, nichts durfte der mit den schmutzigen Schnürschuhen, der Wanderer. Doch ging die Hintertüre und das Mädchen kam heraus gehuscht. Fast warf sie mir den Brief zu, um ja nicht näher kommen zu müssen. Und ihr Blick aus mausblauen Augen über der erhobenen, gerümpften Nase sagte alles für den Nu, was sie und ich voneinander wußten. So sollte also mein Leben gehen. Was einer sich selbst bereitet mit dem, was er im unbedachten Moment geschehen läßt und animalisch genießt! Merke dir, bedenke immer artig Umstände und Folgen, bevor du das Fest der Sinne feierst. Was für ein fühlloses Leben aber ergäbe sich daraus?

Ich nahm den Brief grußlos und stürzte davon. Die Straßen der Stadt waren belebt. Manch Dame trug schon Sonnenschirm. Ach der Vornehmheit der blassen Visagen, leck mich doch. Auf das Schreien auf dem Markt war ich ebensowenig versessen. Ich ging zum Fluß, doch da schrien die Fische von den Booten. Und die Sehnsucht rief mir, wie weit weg Rhein und Neckar waren von hier, von den Ozeanen zu schweigen, wenn auch alles verbunden war, das wußte ich schon. Was ich nicht alles wußte! Da lagen die Boote, Segel noch gerefft, was hätte ich für Anschluß nach Batavia gegeben im raschen Augenblick.

10

Der ansehnliche Postillon brachte Nachricht von Schiller. Bedeutender Rat vom Meister: daß er schon soundsoviele Magazine auf den Weg gebracht und keinen Erfolg damit gehabt hätt. Merkantilismus, Schwachsinn, Pfaffensinn! Meister aller Schwaben, ich bitte Sie untertänig um Ihre väterliche Hand, nur um ein wenig Unterstützung. Was tun sie da in Thüringen auf dem teutschen Olymp? Mit Fürsten speisen von gleich zu gleich, nun denn, es schmälere nur ja nicht den Weitblick und die Unternehmungslust des dramatischen Poeten. … Ich schrieb ihm erneut, schraubte den Ton, bis ich mir selbst nicht mehr bekannt, platt auf dem Bauch. Und Cotta antwortete nicht, ach, und dann ein kurzer Satz nur, ein typisches Verlegerwort: Namen wolle er, Namen, die in der geistigen Welt etwas galten. Scheiß doch Vogelmist darauf. Ich spuckte weit aus meinem Kemenatenfenster nach der Taube auf dem Dache gegenüber. *Excusez-moi*, Mademoiselle. Die sollten mich kennenlernen. Ich schriebe das alles selbst, wenn's sein müßte. Und die treuen, hellen Freunde täten mit, der Ebel, der Neuffer, Mensch, die seien doch auch gut. Und, ja, den Schelling, den Überflieger gäb es wohl, und Bruder Hegel würde auch dabei sein. Das reichte den Oberaffen aber nicht, sie wollten Namen von gestern, sie trauten unserm Feuer nicht. Die sollten mich kennenlernen.

11

Es ging weiter, nein, es ging nicht weiter. Es stockte, bekam Flecken, schwarzblaue und weiße Flecken. Weil es abgewetzt war wie ein Stoff, der mir den zweiten Himmel hatte vorstellen sollen, ach, oder liefern, ja, einen Himmel liefern auf Subskription. Das Weiß war der Schimmel, stinkender Schimmel in Kellern, die einst den Wein bargen aus meiner Kelter. Träumer, Träumerlein, Holder, Holperlein, armes Schwein. Der Cotta blieb dabei, Namen zu fordern. Das hatte ein Geschmäckle, das war ein einziges Kopfgeldjägerlatein. Schiller antwortete nicht mehr. Mit Goethe, das hatte ich damals in Weimar selbst verschissen. Bah, diese Szene, meine Blödigkeit, ihn nicht erkannt zu haben in Schillers Haus. Das war auch letztes Jahr in Frankfurt nicht mehr gut zu machen. Mein Gott, was für ein kleinkariertes Genie auf einmal, ich glaub es nicht! Für was für »Leutchen« er unsereins wohl hielt.

Sinclair sicherte mir alle Unterstützung zu. Hegel kam herauf auf den Taunus drei ganze Tage. Mein Hegel, noch auf der Hauslehrerstelle in Frankfurt, die ich ihm angetragen hatte, egoistisch, um ihn in der Nähe zu haben, aber schon auf dem Sprung, schon wollte er aufs Akademische zurück, wir disputierten über sittliches Handeln auf Fichtes Spuren, nicht weit von dem, was wir uns doch immer wieder aus dem stürmischen Frankreich erhofften. Ich las ihm aus dem Drama vor. Seine Einwürfe hatten wie immer Hand und Fuß. Nachdem er fort war, richtete ich die Szenenfolge neu.

12

War Diotima wieder einmal krank, versuchte ich sie zu stärken, stellte mein Selbstbewußtsein, meine Kraft, die ich durch sie gewann, in Briefen aus und in Versen. Ging es ihr dagegen gut, ging nach einer Weile ich den Bach hinab, weil ich ihr sagen mußte: Leb und vergiß mich. Aber wir konnten nicht voneinander lassen, wir pendelten so eines durch des anderen Nervengespinst, durch die Halluzination namens Zukunft, welche ein andauernder Abschied war, ein andauernder Schmerz genaugenommen, doch nein, doch halt, ich war ja hier, eigens so nahe, Sinclair sei Dank. Zukunft hatten wir aber nicht, die hatten wir überhaupt nie gehabt.

13

Nun ging es auf den ersten Donnerstag im Juni. Man war wieder auf den Adlerflychtschen Hof hinaus gezogen, der ganze Staat, die ganze Dienerschaft. Ich ging, ich lief, es war der Vorabend, und ich wollte wieder in den Lesnerschen Hof, aber da hatten sie nichts, da war aus unerfindlichen Markt- oder Messegründen, aus diesen merkantilen Frankfurter Gründen ausgebucht, da hatte man mir ein Strohlager anbieten wollen, da hatte ich gleich gedankt. Ich hatte ja meinen Staubmantel eingerollt dabei, und in den rollte ich mich nun an einem Mäuerlein ein, nicht zu weit weg vom Ziel meiner Sehnsucht. Das Schnurren einer Nachtschwalbe lullte mich ein. Mit der Morgensonne gab ich mein Lager auf, grüßte die drei Hähne der Umgegend und sah nun aus einem jungen Wald heraus zu, wie der Hof erwachte, sah, wie Milch ins Haus kam, wie der Rauch aus dem Backhaus aufstieg, wie alles so schön war. Wie ich Kinderstimmen hörte, Jette zuerst, gleich Henri, wie sie kurz draußen waren, den Vater zu verabschieden, der in die leichte Kutsche stieg und dem Kutscher Max Weisung gab, aha, war er also ausnahmsweise unter der Woche hier draußen gewesen, da zog es meinen Magen zusammen, da bekam ich schmerzhaften Hunger, da suchte ich mich an die jungen Bäume zu lehnen, sah in ihre hellen Kronen hinauf, da fing ich zu laufen an, da brach ich durchs Unterholz wie ein Tier auf der Flucht. Holterlein groß wollt' sein, nun allein, waidwunds Schwein. Ja, Hergott noch einmal, alles auf mich herab, wie auf Hiob, der anfangs alles hatte, später nichts. Hier hatte ich doch auch alles gehabt. Hätten sie mich doch nur ein Jahr noch, ein paar Monate bleiben lassen bei ihrem Herzen. Ich hörte sie, ihr Herz hörte ich pochen und flog nach Kassel hinüber, nach Driburg im Geist – wie lang war das zurück, drei Jahre, wirklich so lange? Heinse, guter alter Mann, alter Faun, Cicerone für Auge, Ohr, Nase Geschmack, Mäzen einer Freiheit auf Stunden, die uns die Franzosen geschenkt hatten mit ihrer Besetzung Frankfurts. Herr Gontard hatte das Geschäft hüten müssen, das Säckle. Stunden, ach, Götter, gebt mir eine wieder, ohne Furcht ihren Atem zu spüren, von ihr die Liebe zu lernen, nämlich was fehlt, was ich nun nie, niemals wissen werde. Es doch noch einzuholen, wie?

Ich mußte fürchterlich aussehen. Zum Bach hin mußte ich einen riesigen Bogen machen, um ungesehen zu bleiben. Ich wusch mir das heiße Gesicht, schaufelte mir das frische Naß herauf. Nun wollte es wohl neun Uhr sein, ich würde Aufstellung nehmen auf meinem Posten. Die zehnte Stunde war die verabredete. Diotima, dein Gesetz, mit dem du mildtätig herrschest über mich. Mit dem du mir meine Lage vorführst, mit dem du mich noch tausende Male demütiger machst, als ich es immer schon war. Oh vor der Pforte deines Heiligtums, Diotima, Göttin, will ich vergehen.

14

Ich lebte nun langsam schlimmer als weiland auf Landexamens-Stipendium. Jenes hatte immerhin meine Kenntnisse belohnt und mir das Studium erlaubt. Ich hatte mich selbst dafür angestrengt und war durchgekommen. Doch hier? Von Mutters und von Sinclairs Gnaden subsidierte ich. Der Mutter schrieb ich jetzt gelegentlich offener, verhehlte ihr nicht mehr, daß ich nur Pfarrer würde, wenn alles, aber auch alles andere scheiterte. Doch was half's?

Sinclair glaubte an mich, mein Sinclair! Wenn Zeit war, war Nacht. Nacht wurde Alltag, alles war Nacht, und öfter, als es gesund war, sagte ich mir erst recht vor der Pracht der Sterne und all der anderen Himmelskörper da droben. Einmal war Nacht, da hatte Sinclair an eine Türe geklopft tief unter dem Schloß, und Sine war mit uns gekommen. Ich hatte sie nie zuvor gesehen und würde sie nie auf den Straßen sehen am hellen Tag. Doch es war Nacht, warme Nacht, und wir traten ins Hüttchen ein. Wir ließen den Becher kreisen zu dritt, und Sinclair füllte uns allemal nach von dem herrlichen, kühlen Wein. Bis Sines Wangen glühten und ihr Busen uns entgegen wallte. Bis die Augenpaare von uns Dreien ineinander hakten mit nicht zu bändigender Glut und unsre Hände durcheinander gerieten, die Münder, die Leiber, das Glucksen der Frau wie das eines dunklen fließenden Wassers. Und frischer, noch frischer der Wein, und diese Nacht war noch länger.

15

Der folgende Tag zeugte Oden. Ich schrieb, ich lachte und schrieb. Ich weinte und schrieb. Aber ich schrieb. Wie ein Halbgott, aus lebendigem Schlamme erwachsen. Da waren diese alten Papiere, die mich so lang schon begleiteten. Da schrieb ich darüber, darunter, auf Rückseiten dieses kostbaren, schon nicht mehr weißen Papiers, und dann öffnete ich ein Heft, ein neues, und mit frischer Feder schrieb ich auf die knisternde Unterlage. *Wer war es, der zuerst Die Liebesbande verderbt Und Stricke von ihnen gemacht hat?* Ich schrieb *Alles prüfe der Mensch, sagen die Himmlischen, Daß er, kräftig genährt, danken für alles lern, Und verstehe die Freiheit, Aufzubrechen, wohin er will.*

16

Es kam auf den fälligen Donnerstag. Wir hatten uns verschiedene Male verfehlt. Ich konnte nun schlecht behaupten, meine Hand nach der letzten Begegnung mit Susette nicht gewaschen zu haben, aber ich schaute sie an. Ich schaute auf meine Linke, die sich vor ein paar Wochen instinktiv nach ihrer Wange hin gestreckt hatte, unter der Türe, ach. Ich schaute meine Hand an, ich starrte auf diesen Teil meines Körpers. Ich war ein Kretin. Der Teufel spottete mein. Der Sommer glühte und meine Scham. Sie schrieb Briefe, von denen ich mehr lebte als von Brot. Boten mußten sie übermitteln, versteht sich, zuletzt Freund Böhlendorff, der von Frankfurt herauf gekommen war. Er hatte sie treffen dürfen, der Glückliche, war in ihrem Haus gewesen, er hatte sie allein gesprochen. Ich zersprang. Glühende Scham. Wer war denn ich? Mein Zorn glühte auf gegen diese Cotta und Schiller, auf diese hohen Herren allüberall mit ihren Apanagen, Equipagen, daß sie sich nicht schämten. Daß sich das hochwohlmögende Bankhaus Gontard nicht selbst in die Luft sprengte. Daß Exzellenz Kobus Gontard es wagte, einen Auftritt zu veranstalten mit ihr, mit der Göttin, die der Zufall an seine Seite geweht hatte, und der Esel sah es nie und nimmer. Und was haben wir, sie und ich, denn getan? Nichts. Gar nichts. Einmal der Freiheit unsrer Liebe genossen, vor drei Jahren, das war ein reines Kinderspiel gewesen, ein rasch vergessenes, nimmer erwähntes. Sonst hatten wir doch nur unser Schwärmen, sonst nur unser durchscheinendes Sein in den Himmeln. Nirgends hienieden außer in Büchern, ach in den toten Büchern der Toten, hat es uns je gegeben.

17

Ich sollte nicht wie verabredet hinkommen. Ich sollte den Abend nur vorbeigehen um neun am hochwohlgeborenen Adlerflychtschen Hause. Das Holterlein ging. Das Holterlein eilte. Dem Holterlein sprang das Herzelein in der Brust entzwei, wie er so allein da entlang ging herüber, hinüber, an der Hecke entlang. Stinkender Buchsbaum, faulende Falle des Lebens. Und wieder zur Ecke hinüber, ja, ihr Fenster, ja, es stand offen. Hatte sie mich gesehen? Hatte ich etwas gesehen? Nichts, gar nichts, halluziniert, als wär's vom Fliegenpilz. Ihre Hand, ihr helles Gesicht gesehen, ihre klare Stimme gehört, das Beben und Schluchzen wieder darin. Ach nichts und nichtig. Tartarus nur, Unterwelt, Abgesang.

18

Schreiend rannte ich zur Nacht an der Nidda entlang. In meinem Kopfe und Herzen intonierten sie die hornalte Hymne der Ungerechtigkeit ohne Unterlaß und bis zum Bersten. Susanne Borkenstein, das Wesen aus dem fernen Hamburg, geworden die Madame Gontard und Diotima, Königin von dem utopischen Dichterstaate, sie konnte sich in jener Welt bewegen – ich hatte es ja gewußt! – sie würde weiter jenem Leben verhaftet bleiben – hab ich es nicht von Anfang an gesagt? –, ihrem wirklichen Leben, das wirklich ein wirkliches war – wer hätte je anderes behauptet!

Ein wirkliches Leben würde sie weiterleben, auch wenn sie es selbst nicht glaubte, nicht wollte, nicht aushielt nach allem, jedoch im Gegensatz zu ihrem und meinem, im Unterschied zu unserem Luftschloß, im Kontrast zu dem Kuckucksnest, das wir Kypros nannten, an dessen Bau wir uns verschlissen. Hoffnung hatten wir als Baumaterial genommen statt Schlamm. Investitionen auch dies, nicht wahr, Exzellenzen Bankkaufleute? Nur für diese zwei Leben gab es keinen Kredit. Die Ungerechtigkeit verstummte. Stumm wanderte ich durch die Nacht hinauf nach Homburg vor der Höhe.

Said

die frau auf der fähre

ich darf mich doch zu ihnen setzen.
sie haben ja gesehen, daß ich einen augenblick vor der fähre gezögert habe. wahrscheinlich haben sie als guter beobachter auch meinen entschlossenen schritt bemerkt. ich hatte nämlich angst, der mut würde mich verlassen. es ist…
es ist schließlich nicht die regel, daß eine frau einen fremden mann anspricht und sich unaufgefordert zu ihm setzt.
nun, wir sehen uns aber jeden tag, seit mehr als einer woche.
jeden morgen komme ich mit der frühfähre hier an und bin der einzige passagier an deck.
nein, unsere geschichte soll nicht so beginnen, so nüchtern.
ich fange noch einmal von vorne an.
diesmal versuche ich es mit worten, die von ihnen stammen könnten.

ich bin die große frau auf der fähre im kurzen kleid, die sich an die reling lehnt und vor sich hinschaut. die frau mit offenem haar, die sie mit ihrem blick einfangen und begleiten.
aber auch sie sind mir aufgefallen; sie sitzen hier und warten auf mich.
was sie in der zwischenzeit tun, weiß ich nicht. wahrscheinlich haben sie einen beruf und eine ehefrau; obwohl ich an ihren händen keinen ring sehe.
und da dachte ich, ich setze mich einfach zu ihnen, und wir sprechen miteinander.
und hier bin ich.

ich weiß gar nicht, ob sie ein gespräch suchen. ich weiß nur von unseren blicken;
und die suchen einander.
es kann sein, daß ich für sie nur eine schöne erscheinung bin, die sie gerne betrachten und damit auch schon zufrieden sind – es gibt solche männer.
vielleicht wollen sie auch nichts mehr von mir wissen oder sehen.
ich will es ganz offen aussprechen:
es könnte ja sein, daß ihnen die nacktheit meiner beine genügt.
sie sind lang und vollschlank. männer schauen gerne auf meine beine. ich weiß es und bin stolz auf sie. ja, ich zeige sie auch gerne her.
vielleicht sind sie also ganz zufrieden, wenn sich nur unsere blicke treffen.

aber ich finde es schade, wenn wir uns nicht näher kennenlernen. deswegen habe ich heute abend die fähre gehen lassen; ich nehme die letzte. DANN komme ich rechtzeitig zu hause an, um meinen mann zu empfangen; er kommt gegen 21:00 Uhr.

schauen sie gerne ins wasser?
ich auch.
also lassen sie uns miteinander ins wasser schauen; das ist viel an gemeinsamkeit.
und damit sie wissen, mit wem sie es zu tun haben, erzähle ich ein wenig von mir.
ich bin krankenschwester und habe viel mit dem menschlichen körper zu tun, auch mit nacktem. da verliert man ein wenig die berührungsangst, auch in der sprache.
das müssen sie bitte richtig verstehen. ich will nämlich nicht, daß sie meinen versuch, mich mit ihnen ein wenig zu unterhalten, als eine plumpe anmache ansehen.
das wäre unter unserem niveau. nicht wahr?
und sie sollten nicht glauben, daß ich immer so offen bin.
in der klinik zum beispiel, da bin ich unnahbar. der weiße kittel bedeckt das knie, das haar
wird straff zurückgebunden, die lippen bleiben ungeschminkt.
was glauben sie, was los ist, wenn ich mich einmal gehen lasse?

sofort wollen alle etwas – ärzte und sogar patienten. männer riechen es, wenn eine frau einmal ein signal setzt; und sie nehmen sich dann gewisse rechte heraus.
nein! in der klinik bin ich zu.

ob ich gerne auf der fähre bin?
ja, ich mag das schaukeln der fähre, das regt mich an. und ich genieße auch den weiten blick, obgleich ich meist ins wasser schaue. ich sehe gern, wie die sonne das wasser berührt, fast ohne begierde.
ja, begierde.
sie macht die menschen aus. zeit meines lebens denke ich darüber nach; ohne ergebnis. aber ich gebe nie auf und befrage mich täglich – auch meinen körper. ich meine, wir haben doch kaum gewißheit über das, was uns antreibt.

mögen sie meine augen?
sie können sich ruhig in ihnen verlieren. oder haben sie angst, sonst würden sie stunden neben mir sitzen und hineinschauen?
ich würde es genießen.
verzeihen sie, wenn ich lache. ich bin heute fröhlich, weil ich endlich diesen schritt gewagt habe. und frauen lachen gerne. genauso ist das mit weinen, bei frauen. es erleichtert uns und macht uns heiter.
und wir…
wir könnten etwas beginnen miteinander.

DANN könnten sie auch etwas mit meinen beinen anfangen, anstatt sie verstohlen anzustarren. sie könnten…
sie können meine beine ja berühren.
ja, wirklich. einfach so. daraus entsteht keine verpflichtung.
das würde mir gefallen und uns beiden guttun.

haben sie etwa angst, sie hätten es mit einem trugbild zu tun?
eine frau ist nie ein trugbild. eine frau ist immer irdisch. ausgenommen frauen, die zum fenster hinauslieben.
was? sie können ja lächeln.
hat ihnen der ausdruck gefallen? sie wissen, was ich damit meine. ich spreche von frauen, die eine affäre beginnen, um aufzufallen. solche frauen respektieren ihren körper nicht und sind daher tatsächlich trugbilder.
aber ich?
nie!
ich weiß, was sie jetzt denken.
sie fragen sich wohl, was mein motiv sei.
warum muß eine frau ein motiv haben?
so denken nur männer.
wir frauen können wunderbar lügen, wenn ihr uns zwingt.
am besten nicht nach motiven fragen. wozu auch?
hier gibt es kein gesetz.
gesetz!

ich mißtraue jedem gesetz, das in mein leben eingreift.

habe ich sie erschreckt mit meiner charmeoffensive?
sie bekommen doch nicht kalte füße, wenn eine frau einmal die initiative ergreift?
nein! sie sind nicht so.
ja, nehmen sie ruhig meine hand und drücken sie sie; ich mag das gefühl, daß jemand mich festhält. dieses gefühl lieben frauen; das wissen sie.
und wenn sie mich jetzt auch küssen, müssen wir uns lieben.
sehen sie, wie frech ich bin?
aber sie sind schuld und ihre hände.

so ist das.
wenn sie mich jetzt küssen…
DANN werden wir stillschweigend vereinbaren, nur über uns zu sprechen. kein wort über meinen mann. über ihre frau, falls sie eine haben. und sie könnten richtig abtauchen ins blau meiner augen. keine angst, ich rette sie schon; ich bin rettungsschwimmerin.

verzeihen sie, ich lache wieder, und sie bekommen den eindruck, daß ich über sie lache. nein, ich lache nur, weil es mut macht. und weil ich das gefühl habe, daß wir uns schon näher gekommen sind. und ich wünsche, ihnen noch einen schritt näherzukommen. hören sie mir überhaupt zu?

ich nehme mir morgen frei, komme trotzdem mit der frühfähre hierher und nehme sie mit auf meine insel, zu mir.
ich stehe auf der fähre wie an jedem anderen tag auch. aber ich trage ein kleidungsstück, ein sehr kleines, in der hand – wie eine siegesfahne.
ja, ich will ein zeichen setzen – sichtbar für alle.
ich bin so.
ich will meine gefühle nicht verbergen; sie sind mir zu wichtig.
oder bekommen sie wieder angst, wenn eine frau gefühle zeigt?

nein?
das ist schön.
ich wußte, daß sie zu uns stehen würden.
das ist das entscheidende.
alles andere hängt von uns ab.
von unseren händen, unseren augen, unseren mündern.
das ende der reise ist offen. entscheidend ist, daß wir die grenzen hinter uns lassen.

warum ich grenzen hasse?
ganz einfach!
sie verhindern die hingabe.
und was ist der mensch ohne hingabe?

sie sagen ja nichts.
soll das heißen, ich darf fortfahren?

na schön; heute ist mein glückstag.

schauen sie den raben an der treppe, die ins wasser führt; er ist ganz beschäftigt mit einer maroni. sehen sie, er hat uns erspäht, schaut herüber und macht weiter. offensichtlich hat er herausbekommen, daß wir ihm keine bedrohung sind. wahrscheinlich weiß er mehr von uns, als wir glauben – tiere sind oft klüger. menschen sind nicht besonders klug, besonders wenn wir unter dem geruch der annäherung stehen; DANN nämlich verlieren wir oft die orientierung.
ich weiß, wovon ich spreche; ich habe früher im zirkus gearbeitet. die nähe zu den tieren habe ich geliebt, besonders zu den wilden. allein der geruch; der treibt mich fast zum wahnsinn.

was ich im zirkus gemacht habe?
ich war die blondine unter dem seil, die mit den langen beinen, im kurzen glitzerdress, mit lasziven bewegungen. das haben sie bestimmt oft gesehen und sich gedacht, sie muß nur ein wenig bein zeigen für das publikum.
mitnichten!
meine funktion war, die blicke des publikums auf mich zu lenken; damit mein partner auf dem seil nicht die ganze aufmerksamkeit zu ertragen hat. wenn man da oben arbeitet, könnten zu viele augen einen ganz schön aus dem gleichgewicht bringen.

sie sagen ja nichts; und so spreche ich viel. hinterher denken sie, daß ich immer reden muß. ich bin nicht so. ich kann die stille zwischen den zögernden worten sehr genießen und schweige auch gerne mit den schwarzen vögeln in ihrem blick.

warum ich den zirkus verlassen habe?
irgendwann habe ich den mann meines lebens getroffen; er hat mich aufgefangen und auf die erde gebracht. danach wollte ich nur eine bodenständige arbeit.
um ehrlich zu sein: mir fehlen manchmal die tiere, ich meine die wilden. auch meinen seiltänzer vermisse ich zuweilen und die knisternde atmosphäre zwischen uns. wenn er da oben auf dem seil war, kribbelte es nur in meinem bauch.

mein credo lautet: wo küsse entstehen, dort wächst auch eine bleibe für zwei nackte körper.
das bedürfnis, alles zu beleuchten, alles zu hinterfragen, ist blaß im angesicht unserer körper, wenn sie aufeinander losgehen, wenn sie sich ineinander verfangen.

sie sagen wieder nichts.
wissen sie, daß bald noch eine fähre fährt?
wollen wir das gespräch morgen abend fortführen?
das wäre auch eine annäherung.
oder haben sie lust, einmal meine beine zu streicheln?

ich lehne mich zurück und lasse sie mein kleid hochstreifen. so haben sie mehr von meinen nackten, warmen schenkeln.

die passanten?
auf die gebe ich jetzt keine acht; ich nicht.

mein mann?
ach, mein mann ist doch der richtige für mich. wenn ich zum beispiel jetzt von ihnen nach hause komme, nimmt er mich bestimmt in die arme, und streichelt meinen rücken. als wollte er mich entschädigen, für ihre verletzende zurückhaltung.
und ich liebe seine berührungen; die sagen mir alles.
apropos, wenn sie mich nicht berühren wollen, besorge ich ihnen glacé-handschuhe.
verzeihen sie, daß ich wieder lache. das war nur ein harmloser scherz; ich liebe scherze.
doch im ernst, ich fände es schade, wenn ich auf ihre hände verzichen müßte.

nein, schauen sie mich nicht so vorwurfsvoll an!
wir begehen ja kein verbrechen, wenn wir uns lieben.
männer denken sich zu viel dabei; wir sind heiterer.
was ist schon eine liebesnacht? davon wird niemand ärmer; und schon gar nicht mein mann.
ach, ihr männer habt einen seltsamen begriff von treue. ich verrate nicht meinen mann, wenn ich eine nacht in ihren armen verbringe.
von meiner treue werde ich sie noch überzeugen.

am liebsten, wenn wir nackt nebeneinander liegen. da lügt man weniger, weil unsere haut dann verständig ist.

ja, mein mann ist gut zu mir. wenn ich zum beispiel im haushalt irgendeinen mist mache, versohlt er einfach meinen hintern. da spüre ich seine harte hand und seine zärtlichkeit zugleich; das ist äußerst selten bei männern. die sind entweder grobiane oder gleich weicheier.

ob er mir mal körperlich wehtut?
aber nein!
übrigens der schmerz gehört zu uns; wir sollten ihn nicht ableugnen. als ob wir den schmerz besänftigen könnten, wenn wir um seine ränder kreisen.
ich spreche das offen aus, für den fall, daß sie mich härter anfassen wollen, als meine blaue augen scheinbar erlauben.
oh, nein! sagen sie nichts!
jetzt weiß ich endlich, was wir machen.
ich verleihe ihnen meine augen. wenn sie mit dem blau nicht zufrieden sind, bringen sie es bei gelegenheit zurück.
ist die vorstellung nicht süß?
na endlich! sie können sogar lachen.
das gefällt mir; männer ohne humor sind unerträglich.
aber im ernst:
mein körper bietet sich nicht zufällig an.

ihre hände!
ich weiß, sie bringen meine haut zum singen. der gesang trägt mich fort, weit fort von mir, sehr nah zu ihnen.
wissen sie, meine haut ist ihrem wesen nach rituell.
ich will damit sagen, sie sucht beharrlich jegliche schönheit und schafft – jenseits der versprechungen und konventionen – neue räume für uns.
konventionen!
wir sind schon wieder bei worten. wissen sie, was ich mit worten mache, wenn ich voller begehren bin?
ich lasse sie links liegen.
meine haut besänftigt dann jedes wort, das uns entführt.
nein, sie können nie meiner haut beikommen, mit begriffen von der außenwelt.
was für eine tautologie?
begriffe kommen immer von außen.
sie sollten weniger denken, mein herr.
schicken sie einfach ihre hände aus!
sie werden sich auf meinem körper einen platz suchen; dort ruhen sie DANN oder sie wüten.

sie meinen, wenn wir das wort ausschalten, bleiben wir uns fremd?
aber ich bitte sie!
nur so genießen wir, ohne irgendetwas zu verraten.
fremden gelingt es fast immer das maß der anständigkeit zu überschreiten. und erst DANN erleben wir, wie belanglos die außenwelt ist.

und dann die innenwelt; meine haut ist ihre grenze. meine mitte ist ein brachland und wartet auf eine hand, die es bestellt.

bin ich ihnen zu vulgär?
das ist vielleicht ihre wahrnehmung, während ich jetzt eine große nähe zu ihnen empfinde.
vielleicht bin ich nicht geschickt, wenn ich meinen wunsch nach annäherung formuliere – in solchen momenten bin ich oft unbeholfen.
jetzt sehen sie, was das wort ausrichten kann!

sie meinen, ich sei ausgehungert?
daß ich nicht lache!
mein mann sorgt schon für mich.

weil sie wieder nichts sagen und nichts unternehmen, sind wir erneut bei meinem körper angelangt.
mögen sie meinen körper nicht?
na bitte!
wenn sie ihn nicht anfassen wollen, DANN können sie mich ja nur anschauen.

ob ich meine nacktheit liebe?
natürlich liebe ich sie und ich zeige sie auch gern.
darf ich ihnen noch etwas verraten?
bitte?
einen geheimen wunsch, einen sehr geheimen wunsch; diesen habe ich nicht einmal meinem mann verraten.

danke!
ich wußte vom anbeginn, daß ich ihnen viel verraten kann von mir.
ich wünsche mich vollkommen nackt auf riesen plakaten – in der ganzen stadt.
dabei liege ich auf der seite, damit jeder meine vollen brüste bewundern kann. mit einer hand stütze ich den kopf, die andere ruht auf meinem hintern, ohne irgendetwas zu verdecken – und ich blicke lüstern hinunter.
doch mein gesicht sollte unkenntlich gemacht werden; niemand sollte mich erkennen.
sie lächeln so maliziös.
ja, ich bin feige; ich gebe es zu.
was denken sie, was mir passiert, wenn männer mich wiedererkennen? DANN bin ich gleich – verzeihen sie den ausdruck – eine hure.
nein, ich muß meine privatsphäre schützen, meinem mann zuliebe und weil ich auch meine freiheit liebe.
warum schauen sie mich so an?
empfinden sie jetzt verachtung für mich?

nein?
wunderbar!
ich habe sofort gespürt, daß sie viel raum für fantasien haben.

können sie meiner regung folgen?
ich betrachte männer, die meine nacktheit bewundern und für mich pläne schmieden.

ja, männer!
gott sei dank, sind wir anders.
glauben sie denn, mich würde es anmachen, einen mann nackt auf einem plakat zu sehen?
es sind keine körperteile, die uns frauen erregen.

mein gott, habt ihr eine vorstellung von uns!

uns frauen ist viel mehr die ausstrahlung eines mannes wichtig. seine art. sein gang. seine stimme. sein blick. vielleicht eine beiläufige geste.
und DANN die eigene stimmung.

wenn da ein mann kommt und mich anspricht…

ob der mann dann schön sein muß?
schön?
schönheit ist die summe der mißverständnisse, die sich um einen mann rankt. vielleicht ist sie auch eine frage der proportionen und verhältnismäßigkeit; ich weiß es nicht.
ich weiß nur, daß schönheit kein fester begriff ist; ihre konturen werden erst durch die bewegung sichtbar.
ich sehe in ihren augen, daß sie nichts davon begreifen.
wissen sie, selbst dieses mißverständnis ist abhängig vom licht, vom raum, von meinen händen…

ich habe mich männern hingegeben, die ich heute abstoßend finden würde.
was mich da geritten hat?
ich weiß es nicht.
eine liebende frau ist offen.

ja, wenn da einer kommt und sein wort an mich richtet, DANN garantiere ich für nichts.
aber dieses wort muß zünden; denn mein leib ist jetzt wie dürres gras und wartet auf einen funken.
oder wenn er nur seine hand ruhig auf mein knie legt.

habe ich ihnen erzählt, daß ich eine schwäche für ihre hände habe?
habe ich schon gestanden, daß diese mit mir alles anstellen dürfen?
wie oft ich mir das ausgemalt habe!
in wie vielen variationen!
darf ich ihnen eine kleine kostprobe liefern?

ach, vergessen sie nun einmal meinen mann!

warum ich ihn liebe?
er bringt mich zum lachen, kuschelt gern und gibt mir geborgenheit.
genügt das nicht?

ob er von meinen seltenen abenteuern weiß?
garantiert!

aber er fragt nie nach; auch deswegen liebe ich ihn. wenn ich zum beispiel von einem mann nach hause komme, gestillt und zufrieden, habe ich kein schlechtes gewissen. DANN bin ich nur eine junge katze, krieche in seine arme und liebkose ihn, bis er mich endlich nimmt.

sie sehen darin einen widerspruch?
ich nicht!
wenn ich von einem rendezvous zurückkomme, brenne ich geradezu nach dem beweis, daß auch mein eigener mann mich begehrt. das ist für mich sehr wichtig; sonst würde ich den halt verlieren und könnte nie einen anderen mann genießen.
und mein mann – als ob er die gefahr wittert – nimmt mich, tröstet mich und gibt mich damit frei für andere männer.

sie lächeln wieder so süffisant!
oh, sie meinen, ich liebe nur täuschungen?
als ob ich nur einer blendung verfallen könnte!
ich habe nie eine brechung des lichtes geliebt, sondern männer aus fleisch und blut.
nein, ich habe nie mit einem mann gespielt; ich habe immer geliebt.
wenn ein mann seine arme um meine hüften schlang, habe ich ihm alles gegeben, was er sich zutraute, restlos.

nein!
wenn ich liebe, kenne ich keine reserven.
jedes mal, ich schwöre es ihnen, jedes mal war es liebe und ist später eine geschichte geworden. durch umstände, die nicht immer von mir abhingen.

nein!
entschieden nein!
ich habe nie vom anbeginn einen vergleich gezogen mit meinem mann. das wäre auch unfair allen gegenüber.
nein, mein herr!
wenn ich liebe, bin ich offen für alles.
daß ich immer wieder zu meinem mann zurückgekehrt bin, hängt auch von den männern ab.
es ist nicht meine schuld, daß kein mann sich getraut hat, mich gänzlich in beschlag zu nehmen, mich loszureißen von allem, was mich umgibt, damit ich allen halt verliere –
bis auf seine hände.
es ist nicht meine schuld, daß ich einem solchen mann nicht begegnet bin –
noch nicht!

ob mein mann schön ist?
mein gott, habt ihr mannsbilder eine vorstellung!
ich verrate ihnen ein geheimnis, ein altes weibergeheimnis.
in dem maße, in dem mein vertrauen zu meinem mann wächst, in dem maße wird er schön.

ja, ich habe volles vertrauen zu meinem mann; er ist meine eigentliche verbindung zur erde.
niemand kennt mich so gut wie er, weil ich mich auch niemandem so ausgeliefert habe.
er kennt meine schwächen, die ich ihm offenbart habe; und er mißbraucht sie nicht.
das würde er nie tun!

ob ich je etwas mit einem seiner freunde hatte?
sie halten aber viel von mir!
ich würde meinen mann nie verletzen wollen.
er gibt mir die freiheit, die ich brauche, ohne meine würde in frage zu stellen. und ich schenke ihm die achtung, die er verdient.
nein! das käme nie in frage!

ja! unser liebesleben ist in ordnung.
er begehrt mich mit einer einfachen wirklichkeit.

ob er mit anderen frauen etwas hat?
gewiß!
er ist sehr attraktiv und äußerst charmant.
welche frau kann ihm widerstehen?
aber ich weiß natürlich von nichts.
dafür sorgt mein mann, weil er klug ist und viel von frauen versteht.
bei einer geschichte aber bin ich überzeugt, daß da etwas gelaufen ist.

da gab es eine kleine brünette in seiner firma, mit einer ausladenden figur und lüsternen blicken. unter uns, ich bin überzeugt, sie könnte sich im bett richtig austoben.
als ich einmal mit meinem mann spazieren ging, trafen wir sie auf der uferpromenade. wir blieben stehen und wechselten ein paar worte. selbst ein blinder konnte sehen, daß sie etwas miteinander hatten; sie fraß meinen mann geradezu mit den augen.
hinterher fragte ich ihn, was sie in der firma mache und ob sie ihm direkt unerstellt sei.

ich und neugierig?
da liegen sie ganz falsch.
ich wollte nur meinem mann entgegenkommen. er sollte die gelegenheit haben, sein herz zu erleichtern, wenn er es wünschte.
doch er sprach sachlich von ihr und erzählte von ihrer kompetenz und liebenswürdigkeit.
und wissen sie, was das in unserem sprachkodex bedeutet?
»ja, liebling! ich nehme sie gelegentlich und vergnüge mich ein wenig; aber sie bedroht unsere liebe nicht!«
sehen sie, wie feinfühlig mein mann ist!
er schützt mich vor gedanken, die lästig werden könnten.

aber ja!
natürlich haben alle meine liebhaber gewußt, daß ich einen mann habe; ich würde ihn nie verleugnen.

sie meinen, ich benütze meinen mann als hintertürchen, um zu gegebener stunde die affäre zu beenden? hatten wir das thema nicht schon angeschnitten? hätte es ihnen denn gefallen, ich hätte ihnen vorgelogen, ich sei solo und so?
vertragen sie denn die wahrheit nicht, mein herr?

habe ich sie jetzt vor den kopf gestoßen?
sie wollen doch nicht abweisender werden, als sie ohnehin die ganze zeit sind?
ich ertrage langsam ihre stummheit nicht mehr; sie sitzen da im gewirr meiner worte und unternehmen nichts.

gleichgültig, was aus uns wird, ich will ihnen etwas schenken.
ich gebe ihnen ein foto von mir zum andenken.
darauf habe ich dieses kleid an, das ich heute trage; das blau korrespondiert mit meinen
augen.

ja, ich weiß, ich bin kokett. manchmal bin ich so, zumal, wenn ich abgelehnt werde.
schauen sie auf das foto.
ich liege mit dem rücken auf dem gras, meine beine sind angewinkelt, das haar aufgelöst. meine arme rücksichtslos geöffnet; eine perfekte beute für eine verständige hand.
und ich denke an bestimmte hände.

sehen sie, wie ich mich mit beiden händen im gras festhalte.
an diesem griff spürt ein richtiger mann, daß die frau von einer begierde getrieben wird.
ich kann bestimmte dinge, wenn sie mir wert sind, sehr schön greifen und festhalten.
wollen sie dieses foto nicht behalten?
bitte!

alle fotos lügen, meinen sie?
das kann sein; aber dieses nicht.
das foto habe ich eigens für uns ausgesucht; ich meine für sie. darauf sehen sie viel von mir.
sie sehen, wie ich hier ehrlich ausgebreitet bin und schutzlos.

ich bin gerne schutzlos.
männer glauben, sie müssen eine frau erobern; doch ich bin keine festung.
ich habe mich immer als geschenk verstanden. und am liebsten ergreife ich selbst die initiative und verschenke mich.

es gibt natürlich männer, die das geschenk ablehnen.
aber glauben sie denn, daß das geschenk dadurch an wert verliert?
nein, bleiben sie ruhig sitzen. ich schlendere ein wenig herum, bis meine fähre kommt.
ein paar schritte tun meinen beinen gut.

Die Autoren

Marica Bodrožić, 1973 in Dalmatien (heutiges Kroatien) geboren, lebt als freie Schriftstellerin in Berlin. Seit 1983 lebt sie in Deutschland, ihre Bücher schreibt sie in deutscher Sprache. Sie studierte Kulturanthropologie, Psychoanalyse und Slawistik. Bodrožić arbeitet außerdem als Regisseurin und literarische Übersetzerin; sie schreibt Drehbücher und debütierte 2002 mit dem Erzählungsband »Tito ist tot«. Zuletzt erschien ihr sechstes Buch, der Gedichtband »Lichtorgeln«.

Bernd Cailloux, 1945 in Erfurt geboren, lebt in Berlin. Aufgewachsen in Niedersachsen, absolvierte er nach dem Ende des Gymnasialzeit ein Zeitungsvolontariat und besuchte 1965 das Institut für Publizistik in Düsseldorf. Seit 1976 in West-Berlin, begann er Erzählungen und Kurzgeschichten zu schreiben und – ermuntert von Helmut Heissenbüttel – für den Rundfunk zu arbeiten. Nach drei Erzählbänden veröffentlichte er seinen ersten Roman, »Das Geschäftsjahr 1968/69«, im Jahr 2005 nominiert für den Deutschen Buchpreis. Zuletzt erschien 2008 mit »Der gelernte Berliner. Sieben neue Lektionen«, ein weiterer Band mit Erzählungen.

Alex Capus, 1961 in der Normandie geboren, verbrachte seine frühe Kindheit in Paris. Im Alter von fünf Jahren zog seine Mutter mit ihm nach Olten/Schweiz, wo er heute auch lebt. Er studierte in Basel Geschichte, Philosophie und Ethnologie, stieg aber vor dem Abschluss in den Journalismus ein. 1984 – 1995 war er Redakteur bei Regionalzeitungen, vier Jahre lang auch Inlandsredakteur bei der Schweizer Depeschenagentur (SDA). 1997 erschien sein Debütroman »Munzinger Pascha«, dem in den folgenden zehn Jahren zehn weitere Bücher folgten. Der Überraschungserfolg des Jahres 2009 war in der Schweiz Capus' »Der König von Olten«, der sich vier Monate lang an der Spitze der Bestsellerliste hielt.

Jenny Erpenbeck, 1967 in Berlin geboren, wo sie auch lebt. Studierte Theaterwissenschaft und Musiktheaterregie. Inszeniert als freie Regisseurin in Deutschland und Österreich. »Geschichte vom alten Kind«, 1999, war ihr Debütroman. 2008 erschien der Roman »Heimsuchung«.

Franz Hohler, 1943 geboren, lebt in Zürich. Er begann mit einem Germanistik- und Romanistikstudium, doch gegen sein äußerst erfolgreiches Soloprogramm »pizzicato« war das Studium machtlos. Und so ist Hohler einer der bedeutendsten und erfolgreichsten literarischen Schweizer Kabarettisten geworden. Von Anfang an war er ebenso als Autor tätig: 1970 erschienen seine ersten Kurzgeschichten mit dem Titel »Idyllen«. Den ersten Roman »Der neue Berg« veröffentlichte Franz Hohler 1989. 2004 erschienen der Erzählband »Die Torte«, 2007 der Roman »Es klopft«, 2008 der Erzählband »Das Ende eines ganz normalen Tages« und 2009 seine gesammelten Kindergeschichten »Das große Buch«.

Uwe Kolbe, 1957 geboren in Berlin, lebt jetzt wieder dort. Der Schriftsteller Franz Fühmann vermittelte Kolbe 1976 die erste Gedichtveröffentlichung in der Zeitschrift »Sinn und Form«. Sein erster Lyrikband »Hineingeboren«, erschien 1980. Arbeitete als Übersetzer/Nachdichter und war in den achtziger Jahren Mitherausgeber der illegalen Literaturzeitschrift Mikado. Ab 1985 durfte er in verschiedene europäische Länder reisen und ging 1987 mit einem Dauervisum nach Hamburg. Ab 1997 Leiter des Studio Literatur und Theater der Universität Tübingen. 2002 Rückkehr nach Berlin. Zuletzt erschienen der Gedichtband »Heimliche Feste« und die Prosa »Storiella. Das Märchen von der Unruhe«, beide 2008.

Judith Kuckart, 1959 geboren, lebt in Berlin. Studierte Literatur- und Theaterwissenschaften und Tanz.

Gründete 1986 das Tanztheater Skoronel, in dem Tanz, Wort und Musik gleichberechtigt ihren Ausdruck fanden. 1990 veröffentlichte sie ihren ersten Roman, »Wahl der Waffen«. 2008 erschien ihr sechster Roman, »Die Verdächtige«.

Hugo Loetscher, 1929 in Zürich geboren, dort im August 2009 gestorben. Studierte Politische Philosophie, Soziologie, Wirtschaftsgeschichte und Literatur. 1956 Promotion. Begann als Literaturkritiker und wurde literarischer Redakteur der Zeitschrift »du«. Ab 1969 freier Schriftsteller. Machte ausgedehnte Reisen u.a. in den Fernen Osten, nach Südostasien und Lateinamerika. 1963 veröffentlichte er sein erstes Buch »Abwässer«. »Der Immune« (1975) und »Die Papiere des Immunen« (1986) sind ganz außerordentliche persönliche Gedankensammlungen. Kurz vor seinem Tod konnte Hugo Loetscher noch seine Autobiographie »War meine Zeit, meine Zeit« beenden.

Kristof Magnusson, 1976 geboren, lebt in Berlin. Nach dem Abitur Ausbildung zum Kirchenmusiker. 1998 Studium am Deutschen Literaturinstitut Leipzig. Magnusson schreibt Theaterstücke, u.a. »Männerhort«, »Der totale Kick«, »Sushi für alle« und ist als Übersetzer aus dem Isländischen tätig. 2006 veröffentlichte er den Roman »Zuhause«. 2010 wird der Roman »Das war ich nicht« erscheinen.

Hanns-Josef Ortheil wurde 1951 in Köln geboren. Er lebt als Schriftsteller in Stuttgart, Wissen an der Sieg und Rom und ist Professor für Kreatives Schreiben an der Universität Hildesheim. Seit vielen Jahren gehört er zu den bedeutendsten deutschen Autoren der Gegenwart. Sein Werk ist mit vielen Preisen ausgezeichnet worden. Seine Romane werden in über 20 Sprachen übersetzt. Zuletzt sind erschienen: »Die große Liebe« (2003), »Die geheimen Stunden der Nacht« (2005), »Das Verlangen nach Liebe« (2007) und »Die Erfindung des Lebens« (2009).

Matthias Politycki, 1955 geboren, lebt in Hamburg und München. Studierte Neue Deutsche Literatur, Philosophie, Theater- und Kommunikationswissenschaften. Promovierte, gab seine Stelle als Akademischer Rat auf und lebt seit 1990 als freier Schriftsteller. Sieben Jahre später machte sein »Weiberroman« Furore. Seinen ersten Gedichtband veröffentlichte er 1988. Die »Jenseitsnovelle« erschien 2009.

Bruno Preisendörfer, 1957 in Unterfranken geboren, lebt in Berlin. Studierte Germanistik, Politikwissenschaft und Soziologie. Hängte eine Promotion an und arbeitete unter anderem als Redakteur beim Berliner Stadtmagazin »Zitty«, war Kolumnist beim »Tagesspiegel« und Redakteur der Zeitschrift »Freibeuter«. 2006 veröffentlichte er den Erzählungsband »Die Beleidigungen des Glücks«. Seit Juli 2009 gibt er www.fackelkopf.de heraus. 2009 erschien sein Roman »Manneswehen«.

Said, 1947 in Teheran geboren, studierte 1965 in München, wo er heute lebt. Engagierte sich gegen das Schah-Regime und konnte erst 1979 nach dem Sturz des Schah Regimes in den Iran zurück. Schnell gab er seine Hoffnungen in das Mullah System auf und ging wieder nach Deutschland ins Exil zurück. Said debütierte 1981 mit dem Lyrikband »liebesgedichte«. 2000–2002 war er Präsident des PEN-Zentrums Deutschland. 2008 erschien der Erzählband, »Der Engel und die Taube«.

Hansjörg Schertenleib, 1957 in Zürich geboren. Ausbildung zum Schriftsetzer/Typographen. Besuch der Kunstgewerbeschule Zürich. War Hausautor am Theater Basel unter Frank Baumbauer. Veröffentlicht seit 1982 Erzähl- und Gedichtbände und Romane, die vielfach ausgezeichnet worden sind. 2008 erschien der Roman »Das Regenorchester«. Lebt seit 1996 als freier Autor und Übersetzer in Irland.

Kathrin Schmidt, 1958 in Gotha geboren, lebt in Berlin-Mahlsdorf. Studierte Sozialpsychologie und absolvierte einen Sonderkurs am Johannes R. Becher Literaturinstitut in Leipzig. Sie arbeitete mit am »Runden Tisch« Berlin und war bei der ostdeutschen Frauenzeitschrift »Ypsilon« Redakteurin. 1994 entschied sie sich fürs Schreiben, veröffentlichte drei

Lyrikbände und 1998 ihren ersten Roman, »Die Gunnar-Lennefsen-Expedition«. 2009 erschien der Roman »Du stirbst nicht«, für den die Autorin den Deutschen Buchpreis erhielt.

Marie Wolters, 1982 geboren, lebt in Berlin. Studium der Theater- und Filmwissenschaften an der Universität Manchester und an der Filmakademie Baden-Württemberg in Ludwigsburg. Schreibt Drehbücher, übersetzt, veröffentlicht Erzählungen in verschiedenen Literaturmagazinen wie »Das Magazin«.

Inhalt

Katrin Seglitz

Der Bienenkönig

1989, die Mauer fällt – aber die Brüder Richard und Walter, der eine im Westen, der andere im Osten, können nicht zueinander finden. Zu verschieden sind die Befindlichkeiten und Denkweisen, zu unterschiedlich die Wunden, die ihnen zugefügt wurden. Zeugin des Bruderzwists ist die Erzählerin – Kornelia, Richards Tochter. Sie erinnert sich an Onkel Walters Bienenhaus im Osten, an Episoden ihrer Kindheit, an Besuche, an Gespräche und, mehr noch, an heikle Themen, über die in der Familie geschwiegen wurde. Und erzählt eine so wahre wie packende Geschichte, in der nach und nach aufgedeckt wird, wie sich Teilung, Mauerfall und Wiedervereinigung auf die Beziehung zweier Brüder ausgewirkt haben.

»Der Bienenkönig *gibt zu denken und wirkt doch sinnlich und leicht... Durch rasante Perspektivenwechsel kommt die Form ins Tanzen. Der Leser kann abheben, ohne den Faden und das Vertrauen in die Geschichte zu verlieren... Der Roman zeugt sowohl von jugendlichem Elan wie von künstlerischer Kompetenz.*«

Marianne Blöchinger, Schwäbische Zeitung

Roman
Geb., 172 Seiten
€ 18,80 (D)
weissbooks.com

weissbooks.w

Schön zu hören.
Satzschippen aus dem Radio
Gerwig Epkes (Hg.)

Konzept Design
Gottschalk+Ash Int'l

Umschlaggestaltung
Julia Borgwardt, borgwardt design
unter Verwendung eines Motivs von fotolia: sumnersgraphicsinc

Druck und Bindung: CPI – Clausen & Bosse, Leck
Printed in Germany
Erste Auflage 2009
ISBN: 978-3-940888-50-1

Diese Leseprobe wurde auf FSC-zertifiziertem Papier gedruckt. FSC (Forest Stewardship Council) ist eine nichtstaatliche, gemeinnützige Organisation, die sich für eine ökologische und sozialverantwortliche Nutzung der Wälder unserer Erde einsetzt.

SWR.de
weissbooks.com